Peter Wendl

D1932178

Gelingende Fern-Beziehung

Entfernt zusammen wachsen

Übersichten über Gefühlsentwicklungen,
ausführliche Tipps und Regeln,
ein Frage-Antwort-Katalog und
Selbsthilfe-Fragebögen
für die Beziehung auf Distanz

HERDER

FREIBURG · BASEL · WIEN

Originalausgabe

Alle Rechte vorbehalten – Printed in Germany

© Verlag Herder Freiburg im Breisgau 2005
www.herder.de
Satz: Barbara Herrmann, Freiburg
Druck und Bindung: fgb · freiburger graphische betriebe 2005
www.fgb.de
Umschlaggestaltung: weiss – grafik & buchgestaltung, Freiburg
Umschlagmotiv: Roy Lichtenstein, Blonde Waiting 1964
Wartende Blondine 122 x 122 cm / 48 x 48"
Sammlung Larry Gagosian, New York
© VG Bild-Kunst, Bonn 2004

Gedruckt auf umweltfreundlichem,
chlorfrei gebleichtem Papier

ISBN 3-451-20896-2

Inhalt

Vorbemerkung: Wenn an verschiedenen Stellen im Text nur die männliche Sprachform verwendet wird (der Partner usw.), dann deshalb, um die Formulierungen möglichst flüssig zu halten. Selbstverständlich sind dabei Frauen *und* Männer gemeint.

Gedanken vorab zur Fern-Beziehung ...

Fern-Beziehung: wie mühsam, welch Wagnis –
aber welch Chance:

Entfernt zusammen wachsen ...

Ob auf Distanz oder in der Nähe! Wir wachsen zusammen!

Mehr Zeit getrennt als zusammen?!
Aber ob nah oder fern – immer WIR!

Ist die Distanz gewollt – oder ist sie geduldet, erlitten?
Ist die Distanz wohltuend, bereichernd oder quälend?
Ersehne ich Nähe oder Entfernung?
Was also macht UNS aus – die Nähe oder der Abstand?

Behalten wir die Entfernung bei –
oder ist sie Durchgangs-Lebensform?

Wollen wir das beide so?

Fern-Beziehung, weil ich UND du Abstand wollen und brauchen – oder weil es nicht anders geht?

Wie auch immer – stets neu müssen die zwei Lebenswelten zusammenfinden ...

Ist es zermürbend lang – oder stets neu bereichernd?

Getrennt zusammen leben!?
Nah in der Ferne?!
Lieben über die Distanzen?!

In der Nähe oft entfernt – in der Ferne oft nah?!

Wir wachsen zusammen! Ob auf Distanz oder in der Nähe!
Kaum erringen wir unsere Nähe, reist einer ab.
Kaum sind wir uns mühsam „entfernt geworden" –
kommt einer heim ...

Wir „funktionieren" auch ohne einander.
Aber eben anders ...

Welche Welt also ist unsere gemeinsame Welt?

Wir gehören zusammen! Ob auf Distanz oder in der Nähe!

Lieber nah in der Ferne – als fern in der Nähe ...
Nicht die Ferne ist das Entscheidende –
sondern unsere Beziehung, die wächst!

Fern-Beziehung: entfernt zusammen wachsen ...
Fern-Beziehung: wie mühsam, welch Wagnis,
welch Chance!

1 Fern-Beziehung – *was nun?*

Fern-Beziehung:

Welch Wagnis,
welch Herausforderung,
welch Chance!

Eine Fern-Beziehung zu führen, egal ob vorübergehend oder langfristig, ist eine außergewöhnliche Chance für beide Partner. Natürlich gibt es genügend Klippen und Gefahren. Dennoch: Eine Fern-Beziehung bietet die Möglichkeit, die Partnerschaft auf intensivste Weise zu erleben und zu gestalten. Fern-Beziehung heißt, bei allen Nachteilen, Freiraum für sich, Freiraum für die Beziehung und vor allem Freiraum, sich bewusst zu werden: Was ist uns wichtig? Was ist mir wichtig? Wie soll unsere Partnerschaft langfristig aussehen (oder eben absolut nicht aussehen)? Fern-Beziehung heißt konzentriert (und vielleicht auch schmerzlich) erleben, was das Paar zusammenhält und was es ändern muss, damit die Partnerschaft langfristig gelingt.

Eine Fern-Beziehung steht in der Spannung zwischen Befürchtungen und Traurigkeit bei der Abreise einerseits, und der Vorfreude auf das Wiedersehen andererseits. Zwischen Höhen und Tiefen, zwischen Abschied und Wiedersehen, d. h. in der Zwischen-Zeit der miteinander geteilten Zeit liegen Partnerschaft und gemeinsame Entwicklung pur. Stets neu müssen sich die Partner „zusammenraufen" und zusammenwachsen.

Eine Fern-Beziehung ist immer auch gefährlich und belastend. Beide nehmen nicht mehr regelmäßig – oder eben im wahrsten Sinne nur noch entfernt – am Alltagsleben des anderen teil. Freuden und Sorgen werden oft nur noch „entfernt“ wahrgenommen. Daran schließt sich beim Wiedersehen eine (oft zunächst) ungewohnt dichte Zeit der Nähe an. Die Erwartungen hinsichtlich der gemeinsamen Zeiten wachsen – was das Wiedersehen meist nicht ganz unbeschwert sein lässt. Im Unterschied zu anderen, „normalen“ Beziehungen wird ein größerer Freiraum, aber auch eine stetige Sehnsucht, zum ständigen Begleiter der Partner.

Die gelingende Verbindung von Partnerschaft, beruflichen Ansprüchen (Karriere, Ausbildung, Studium usw.) und privaten Träumen erscheint allgemein schon schwer genug. Um wie viel schwieriger ist dagegen eine Beziehung, bei der die Partner noch nicht einmal am selben Ort leben, ja mehrere Flug-, Bahn- oder Autostunden voneinander entfernt sind und oftmals sogar selbst das vermeintlich sichere Wochenende als gemeinsame Zeit-Insel noch in Frage steht? Diese Beziehungen, die hier übergreifend „Fern-Beziehungen“ genannt werden, bedürfen ganz eigener „Regeln“, um bestehen zu können, um neben der Sehnsucht nach gelingender Gemeinsamkeit auch die Sehnsucht nach Selbständigkeit erfüllen zu können. Neben allen Belastungen, die die Vereinbarung von Beruf und Partnerschaft auf größere Entfernungen mit sich bringt, gilt es jedoch, den Blick für eine wesentliche Tatsache nicht zu verschließen: Fern-Beziehungen bieten eine Möglichkeit, die Partnerschaft zu beleben, reifen zu lassen, Alltäglichkeiten bereichernd zu erleben, zu teilen und zu gestalten – oder auch notwendige Veränderungen zu erkennen. Fern-Beziehungen bergen also nicht nur Risiken und Gefahren in sich. Sie können gelingen, sofern sich beide Partner darüber verständigen, wie ihre Beziehung gelebt werden soll, wenn beide Partner die Vorteile dieser speziellen Partnerschaft für sich erkennen und nutzen und wenn sich beide Partner rechtzeitig den

Konflikten stellen. Fern-Beziehungen erfordern von den Partnern, die Beziehung bewusst und kreativ zu gestalten und stetig voranzukommen – in der Entwicklung ihrer Persönlichkeiten und auf dem gemeinsamen Weg zum täglich neuen „Wir".

Lassen sich beide Partner auf die Herausforderung einer räumlich getrennten Partnerschaft ein, werden sich zwischen Annäherung und Distanzierung wie auch im Ringen um das gemeinsame Beziehungsleben und die Entwicklung der Partnerschaft einige Fragen ergeben, die nie ein für alle Mal beantwortet sein werden.

Im Wechsel von Nähe und Distanz stellen sich wichtige Fragen immer wieder:

> Wie halten wir unsere Liebe lebendig? Wie schaffen wir einen erfüllenden Austausch unserer Gedanken und Gefühle? Wie können wir uns über die Distanz hinweg die notwendige Geborgenheit geben? Wie können wir gemeinsame, erfüllende Sexualität erleben und gestalten? Kann ich dir, wirst du mir treu sein?
> Wie gestalten wir unseren Kontakt, so dass wir genügend teilnehmen können am Leben des anderen – und uns dabei doch nicht überfordern? Wie schaffen wir ein Gleichgewicht, so dass keiner von uns zu wenig Aufmerksamkeit bekommt?
> Wie werde ich die Zeit alleine bestehen? Welche Freiräume muss und kann ich alleine besser nutzen, welche Schwierigkeiten muss und kann ich alleine bewältigen? Wer übernimmt meine Rolle in deinem Leben – oder werde ich gar überflüssig?
> Wie wird das Wiedersehen sein? Fühlt sich einer von uns womöglich nur noch als Gast? Wie haben wir uns, ich mich und du dich, in der Zwischenzeit verändert – und wie gewöhnen wir uns immer wieder neu an die Veränderungen im Aussehen, im Charakter, in der Persönlichkeit und im Verhalten usw.?

Diese Fragen deuten bereits an, dass eine Beziehung auf Distanz keinesfalls „einfach so" gelingt. Damit sie gelingen kann, bedarf es der Einsicht, dass jeder Partner sich für das Gelingen einsetzen muss und dass in der Partnerschaft der Umgang miteinander von Fairness und großer Offenheit geprägt sein muss. Eine Grundvoraussetzung dafür ist, dass sich beide Partner intensiv austauschen und darüber klar werden, was ihre Partnerschaft trägt, wohin sie sich entwickeln soll und worin die Chancen und Gefahren einer Beziehung auf Distanz liegen. Dieser Austausch wird nie wirklich abgeschlossen sein, sondern muss immer wieder neu in Gang gebracht werden. Die Fern-Beziehung, ob nun kurzfristig, langfristig, einmalig oder häufiger, ist kein endgültiger Zustand, sondern vielmehr ein ständiger gemeinsamer Entwicklungs-Prozess hin zu dem, was die Partnerschaft trägt und ausmacht.

Partner in einer Fern-Beziehung sollten das Leben nicht unterscheiden in Zeiten, die „zusammen" oder „getrennt" verbracht werden. Aus vermeintlich vielen Einzelteilen entwickelt sich vielmehr ein zusammengehöriges Ganzes, auch wenn es vielleicht aus zwei unterschiedlichen Lebenswelten zusammenwächst. Aber ist das nicht bei jeder Partnerschaft so? Nicht „dann und dort" lebe ich, leben wir, sondern das Paar lernt immer besser zu verstehen: Das alles zusammen bin ich und sind wir. Aus den unterschiedlichen Bausteinen der Partnerschaft kann trotz aller Unterschiede und Distanzen EIN farbiges, spannendes Ganzes entstehen, das immer mehr und immer neu als „unser Beziehungs-Mosaik" Form annimmt.

In diesem breiten Feld einer Partnerschaft auf Distanz, mit sehr unterschiedlichen Herausforderungen, aber auch Chancen für die Partner, möchte dieses Buch eine Orientierung und Unterstützung sein. Es möchte neugierig machen auf die großen Gestaltungsmöglichkeiten und die mögliche Vielfalt einer Fern-Beziehung – ohne die Nachteile, Gefährdungen und Belastungen zu vernachlässigen. Dieser Band möchte Mut machen, sich auf die Partnerschaft auf Distanz einzulassen und bietet den Partnern daher Informationen, konkrete Tipps und kreative Unterstützung, damit das Wagnis einer Fern-Beziehung gelingen kann. Natürlich muss letztlich jedes Paar selbst die Beziehung leben und die Belastungen der Partnerschaftsform bewältigen. Es gibt jedoch eine Reihe von Gestaltungsmöglichkeiten, die das Gelingen und die Chance, gemeinsam zu wachsen, deutlich unterstützen und fördern. Diese Gesichtspunkte werden hier aufgezeigt. Der Band ist in zwei Teile unterteilt und so angelegt, dass jeder Abschnitt und jedes Kapitel für sich gelesen werden kann.

Der erste Abschnitt (Kapitel 1–3) bietet als Grundlagenteil Übersichten darüber, was eine Fern-Beziehung in ihren Gefahren und Chancen ausmacht. Es wird ein Raster aufgezeigt, welche Gefühlsentwicklungen die Partner vor und während der Abreise und nach dem Wiedersehen möglicherweise zu erwarten haben. Ziel ist es, diese Phasen besser verständlich – und damit besser „bestehbar“ werden zu lassen. Schließlich wird aufgezeigt, wie sich die verschiedenen Fern-Beziehungsformen unterscheiden.

Der zweite Abschnitt (Kapitel 4–6) bietet praktische Hilfestellungen für das Gelingen der Beziehung auf Distanz. Er bietet für die Partner ganz konkrete Orientierungen, Regeln und Tipps, einen Frage-Antwort-Katalog sowie fünf Selbsthilfe-Fragebögen.

Einen alternativen Zugang zum Thema sowie gleichzeitig eine Zusammenfassung dessen, was Fern-Beziehung ausmacht, bieten – anstelle eines Schlusswortes – sechs knappe Texte (Kapitel 7). Sie verdeutlichen die Situation einer Fern-Beziehung mit „etwas anderen“ Worten.

Dieses Buch ist so geschrieben, dass es eine grundlegende Information für die Partner zum Thema Fern-Beziehung bietet. Daher werden auch die (noch schmale) vorhandene Literatur zum Thema „Beziehung auf Distanz" einbezogen sowie Autoren bzw. Titel in einer Literaturempfehlung aufgezeigt und weiterführende Programme für Paare aufgezeigt, so dass die Partner einen ausführlichen Überblick über weitere Hilfestellungen zum Thema erhalten (Kapitel 8).

1.1 Der Kern: Chancen und Belastungen der Fern-Beziehung

Den Kern der Fern-Beziehung bilden die beiden (oft extrem) unterschiedlichen Lebenswelten der Partner im entfernten Alltag, die bei jedem Wiedersehen immer wieder zu einer möglichst gemeinsamen Welt zusammengefügt werden sollen – mit allen Veränderungen und Entwicklungen, die die getrennte Zeit für beide Partner mit sich gebracht hat.

Die Partner leben während der Trennungszeit in eigenen Alltags-Welten. Diese Zeit der Trennung birgt einerseits eine Gefahr und Herausforderung für die Partnerschaft. Zugleich bieten die Zeiten ohne den Partner aber auch die große Chance, sich in anderen Lebensbereichen zu entfalten und Vorhaben zu realisieren, die in der nahen Partnerschaft oft nicht möglich wären. Dadurch kann auch das eigene Selbst-Bewusst-Sein entdeckt und gestärkt werden. In der gemeinsamen Zeit müssen die unterschiedlichen Lebenswelten, Erlebnisse, Erwartungen, Glücks- oder Unglückszustände des Paares zusammengeführt werden, ja sie müssen und sollen zusammen erlebt und gelebt werden. Dies ist ein Kernpunkt der Partnerschaft auf Distanz, unabhängig von allen äußeren Rahmenbedingungen: ob diese Lebensform an sich gewollt ist oder nicht, ob sie nur vorübergehend ist oder dauerhaft, ob sie zufrieden macht oder nicht. Ein Schlüssel dafür, wie

Fern-Beziehung gelingen kann, liegt darin, ob das Paar damit zurechtkommt, mit den wechselnden Phasen des Getrenntseins, mit dem Alleinsein, mit den Phasen des Zusammenkommens und des schließlich jedes Mal neuen Zusammenseins umzugehen. Das gilt unabhängig davon, ob die Trennung nun Tage, Wochen oder Monate dauert, und diese Herausforderung stellt sich sowohl für jeden Einzelnen als auch für das Paar als solches. Im Grunde können Gefährdung und Chance auch darin gesehen werden, ob der bzw. die Einzelne den Zustand des Getrenntseins auf Zeit positiv zu akzeptieren und umzusetzen in der Lage ist. Stets aber gilt es die daraus resultierende Hauptaufgabe zu bewältigen, nämlich die angesprochene Notwendigkeit des Neuanfangs so oft wie möglich zu wagen, sie als Chance für sich und die Beziehung zu sehen und manchmal auch einfach zu ertragen.

Die Belastungen und Aufgaben verändern sich je nach dem, welche Fern-Beziehungsform vorliegt. Die Kern-Aufgabe bleibt jedoch jeweils sehr ähnlich. Das Wochenend-Beziehungs-Paar etwa sieht sich meist ein bis drei Tage in der Woche, und doch besteht die Schwierigkeit, die beiden Lebenswelten neu zusammenzubringen und wieder zu einem Paar zu werden, das nach einiger Zeit der Entfernung nun wieder eine gemeinsame Zeit vor sich hat. Die Phasen, in denen sich das Paar nicht sieht, sind ebenso wie die gemeinsamen Phasen relativ kurz. Jeden Freitag aber stellt sich das Kernproblem aufs Neue. Um die Aufgabe, die beiden unterschiedlichen Welten miteinander zu vereinen, zu lösen, bleiben meist nur wenige Tage bzw. Stunden, ehe die nächste Trennung kommt und beide wieder in ihre anderen Welten eintauchen. Die gemeinsame Welt löst sich wieder auf und spaltet sich in zwei unterschiedliche, durch den Beruf und den Alltag geprägte Welten. Beide Partner sollen und müssen mit diesen getrennten Welten klar kommen. Aber auch nach einer Trennung, die Wochen oder gar Monate dauerte, stellt sich diese Grundaufgabe. Die gemeinsame Lebenswelt wird für die räumlich getrennte Phase aufgegeben. Jeder lebt in einer anderen Welt. Die zwei Welten gilt es zu vereinen bzw. so miteinander zu verknüpfen, dass wieder eine Vertrautheit oder gar eine neue und vielleicht veränderte Basis für die neue gemeinsame Zeit entstehen kann.

Mit dem Begriff „entstehen“ ist eine weitere Bedeutsamkeit angesprochen: Nur selten funktioniert das gemeinsame Zusammenkommen, die gemeinsame Welt, selbstverständlich oder gar automatisch. Gewisse Rituale und Abläufe sowie der Umgang mit der Situation können sich zwar „einspielen“, aber im Grunde gibt es keinen feststehenden „Mechanismus“ für die gemeinsame Zeit. Zur Gewohnheit kann diese Beziehungsform kaum werden, auch wenn viele Abläufe nach und nach gleichsam wie von selbst funktionieren. Ein Automatismus oder gar eine Abhärtung im Umgang miteinander würde sich jedoch auch bei aller notwendigen Vertrautheit auf Dauer lähmend auswirken. Vielmehr müssen die Partner bei jedem Wiedersehen aufs Neue aus ihren unterschiedlichen Welten eine, nämlich ihre gemeinsame Welt entstehen lassen. Jedes Wiedersehen kann zur Chance, aber zugleich auch zu einer Gefährdung der Beziehung werden. In jedem Fall bleibt es immer eine besondere Herausforderung, die Partnerschaft neu entstehen zu lassen, vielleicht neue Entwicklungen am Partner zu entdecken und sich stets neu darum bemühen zu lernen, die beiden eigenständigen Welten und die unterschiedlichen Erlebnisse und Persönlichkeiten gemeinsam wachsen zu lassen.

Wesentliche Belastungen und Chancen bei Fern-Beziehungen sind demnach:[1]

- Der große Anteil an gemeinsamer Lebenszeit, der im wahrsten Sinne des Wortes auf der Strecke bleibt.
- Der eigene, der Fernbeziehung angepasste Lebensrhythmus schließt oftmals andere Menschen (Freunde und Verwandte) sowie liebgewordene Gewohnheiten (Hobby) aus.
- Die Entwicklung unterschiedlicher Lebenswelten zwischen den Paaren – und die Problematik, aus diesen Unterschieden, je nach gemeinsamen Zeit-Frequenzen, stets neu eine gemeinsame Beziehungswelt erringen zu müssen.
- Die außergewöhnliche Chance auf Selbständigkeit und Selbstbewusstsein in der Partnerschaft: Single-Zeiten wechseln sich mit Zeiten intensiver Verbundenheit ab.
- Die Tatsache, dass gemeinsames Alltagsleben nur in den gemeinsamen Zeiten gelebt werden kann. Partner können in den getrennten Zeiten kaum unmittelbar mit dem Lebenspartner rechnen.
- Da meist ein Partner deutlich mehr Zeit in der gemeinsamen Wohnung verbringt, wird das Zuhause zunehmend unterschiedlich (meist sogar nicht mehr neutral, sondern positiv oder negativ) empfunden. Es besteht stets die Gefahr, dass ein Partner die gemeinsame Zeit als „Einbruch" in den eigenen Alltag empfinden könnte (die „Erleichterung" darüber, wieder allein sein zu können im eigenen Reich). So spielen sich gemeinsame Rituale ein, sowohl für die gemeinsamen als auch für die getrennten Zeiten. Es besteht aber auch die große Chance einer stetigen Verlebendigung und die Möglichkeit, den „Alltagstrott der Beziehung" zu verhindern. Das einseitig Eingespielte,

[1] Vgl. N. Schneider / R. Limmer / K. Ruckdeschel: Mobil, flexibel, gebunden. Familie und Beruf in der mobilen Gesellschaft, Frankfurt a. M. 2002, S. 163–165.

Langweilende im Alltagstrott ist immerhin eine der größten Gefahren für viele Beziehungen.
- Die Partner verändern sich während längerer Trennungen (äußerlich und innerlich). Kleinste Veränderungen werden intensiver (positiv wie negativ) wahrgenommen.

Die Auswirkungen dieser Voraussetzungen für die Partnerschaft variieren je nach Zustand der Beziehung (Stabilität und Beziehungszufriedenheit der Partner) sowie den Rahmenbedingungen der Partnerschaft (Angehörige, Kinder, Belastungen bzw. Unterstützung im privaten und beruflichen Bereich usw.).

1.2 Fern-Beziehung: Krisenzeit *und* gelingende Partnerschaft?

Die tragenden Säulen einer gelingenden Partnerschaft:[2]

- **Liebe** (emotionales Verhältnis, geistige Verbundenheit, Wertschätzung, der Verzicht beherrschen zu wollen usw.)
- **Geborgenheit und Vertrauen** (Intimität, sich angenommen fühlen, gegenseitige Unterstützung, sich anlehnen können usw.)
- **gelingende Kommunikation** (verbal und nonverbal …)
- **erfüllende Sexualität**

Was macht eine gelingende Partnerschaft aus – besonders wenn die Partner nicht am selben Ort leben? Von gelingender Partnerschaft kann prinzipiell dann gesprochen werden, wenn die tragenden Säulen einer Beziehung für beide Partner erfül-

[2] Vgl. Stefan E. Müller: Krisen-Ethik der Ehe: Versöhnung in der Lebensmitte. Studien zur Theologie und Praxis der Caritas und Sozialen Pastoral, 7. Hrsg. v. Heinrich Pompey und Lothar Roos in Verbindung mit Alois Baumgartner u. a., Würzburg 1997, S. 375 f.

lend erlebt und gelebt werden können. Die tragenden Aspekte für die Partnerschaft lassen wesentliche Schwierigkeiten für die Fern-Beziehung erkennen. Daraus aber lässt sich zugleich ableiten, welche Gesichtspunkte besonderer Aufmerksamkeit bedürfen, damit die Fern-Beziehung gelingt. Wesentliche Säulen für die stabile Fern-Beziehung sind Liebe, Geborgenheit, gelingende Kommunikation und erfüllende Sexualität. Liebe sowie die gegenseitige Geborgenheit bzw. das Vertrauen ineinander stellen in den vorübergehenden Trennungszeiten eine unverzichtbare Voraussetzung für das Gelingen der Partnerschaft dar. Gelingende Kommunikation,[3] Intimität, gegenseitige Unterstützung und Anteilnahme sowie eine erfüllende Sexualität bzw. die Befriedigung sexueller Wünsche können in den Spannen der Trennung aber naturgemäß nur einseitig oder eben überhaupt nicht vom Paar erlebt und entfaltet werden. Der Mangel an alltäglichem Austausch in Gesprächen, Gedanken, Gefühlen, Zärtlichkeiten usw. stellt für das Paar eine grundlegende Schwierigkeit dar, die es zu bewältigen und in die Partnerschaft zu integrieren gilt. Deshalb muss jeder Partner die je eigenen Bedingungen entwickeln, unter denen es möglich ist, die Trennungsphasen so vorzubereiten und zu gestalten, dass sich keine dauerhafte Distanzierung zwischen den beiden ergibt, die dann das ohnehin schon große Maß an Belastung überschreiten würde.

Zugleich bedeutet die Zeit der Trennung eine große Chance für das Paar, bereits bestehende Beziehungskonflikte neu zu bedenken, den Kern der Probleme zu erkennen, gemeinsam Lösungen zu entwickeln und ebenso gemeinsam die Partnerschaft wieder neu zu beleben. Die Fern-Beziehung stellt den Partnern deutlich vor Augen, was sie am Lebensgefährten bzw. Ehepartner haben – oder auch was ihnen fehlt. Die Phase der Fern-Beziehung kann dem Paar wie

[3] Im Fehlen der gelingenden Kommunikation liegt das zentralste Problem für die Partnerschaft.

kaum eine andere Zeit zu Bewusstsein bringen, worauf es in einer gelingenden Partnerschaft ankommt. Eine intensive Vorbereitung der Trennungszeit (wie sie ab Kapitel 6 aufgezeigt wird) bzw. die gemeinsame Auseinandersetzung nach dem Wiedersehen bietet die Möglichkeit, bestehende Konfliktfelder der Partnerschaft zu erkennen und sich diesen dann auch gemeinsam zu stellen. Die Erfüllung und Belastung, Zufriedenheit und Unzufriedenheit in der Fern-Beziehung kann also u. a. an den tragenden Faktoren einer Beziehung gemessen werden. Aspekte, die sich darüber hinaus auswirken, kommen im folgenden Kapitel zur Sprache.

Besonders schwer wiegt der Mangel an gemeinsamer Kommunikation zwischen den Partnern – oft viel schwerer noch als der Mangel an sexueller Erfüllung. Das Hauptproblem der Fern-Beziehung besteht darin, eine gelingende Kommunikation zu realisieren. Gegenseitiges Verstehen, Vertrauen und Anteilnahme sind erschwert. Enttäuschung, Verstimmung, Ärger oder auch Wut können zu bestimmenden Emotionen werden, die wie ein Teufelskreis die Bereitschaft zum Gespräch noch schwieriger machen. Was ein erfülltes Liebesleben und das ihm entsprechende Verhalten ausmachen sollte, wird in seinem Kern verändert. Die positive Wirkung einer gelungenen Partnerschaft auf das Selbstwertgefühl und das eigene Selbstbild ist dann oft beeinträchtigt, gefährdet oder geht in der Krisenzeit gänzlich verloren. Das Partnerbild kann Schaden nehmen, so dass auf beiden Seiten meist nur die Enttäuschung zurückbleibt. Letztlich lassen sich dann die Selbstverständlichkeiten in der Beziehung und die Erwartungen an die Partnerschaft mit der Realität kaum mehr vereinbaren.[4]

Die Anpassung und Ausrichtung der Partnerschaft in der Fern-Beziehung muss sich als dauerhafter Prozess entwickeln. Es gibt kein Patentrezept dafür, wie eine gelingende

[4] Vgl. Stefan E. Müller: Krisen-Ethik, a.a.O., S. 376 ff.

Fern-Beziehung gelebt werden muss. Keine Partnerschaft „funktioniert" automatisch. Die Beziehung hängt wesentlich von der immer neuen und wechselseitigen Bestätigung, Stärkung und – gegebenenfalls – Erneuerung der angesprochenen Säulen der Partnerschaft ab. Darüber hinaus ist aber auch der Umgang des Paares mit Differenzen und Gemeinsamkeiten bzw. der Austausch von Erwartungen und Befürchtungen entscheidend.[5]

Sind steigende Scheidungsquoten und häufig wechselnde und scheiternde Beziehungen ein Zeichen für die Unmöglichkeit, Beziehung und Selbstverwirklichung (in Karriere, Ausbildung, Berufsalltag und Hobby usw.) zu vereinbaren – zumal wenn die Beziehung an unterschiedlichen Orten gelebt wird? Schließen sich Selbstverwirklichung, Selbst-Sein („Immer-mehr-**ICH**-Werden") und glückende, erfüllende Partnerschaft („Immer-mehr-**WIR**-Werden") aus? Das sind alles Fragen, die abhängig von den einzelnen Personen, vom einzelnen Paar gestellt werden müssen. Dennoch soll eine Antwort hier bereits gewagt werden: Die Vereinbarkeit von beidem ist sogar sehr wohl möglich, sofern gewisse Einschränkungen akzeptiert werden und die jeweilige Grundeinstellung zur Partnerschaft untereinander vermittelbar sind. Es gilt dabei „Immer-mehr-**ICH**-selbst-zu-Werden", aber zugleich auch „Immer-mehr-**WIR**-zu-Werden". Dies trifft naturgemäß für alle Partnerschaften zu – besonders aber für die Fern-Beziehung, sei sie nun bewusst gewählt, „erzwungen" oder aufgedrängt. Wird diese Beziehungsform gemeinsam gewollt und gewagt, kann die Distanz trotz aller Schwierigkeiten überwunden werden, und die Partner können an den Herausforderungen (zusammen) reifen.

[5] Vgl. ebd.

1.3 Widerspruch Fern-Beziehung: Vermeidung von Alltag *und* Sehnsucht nach Alltag?

Ein bedeutender Feind der Beziehung bleibt, auch wenn die genannten zentralen Faktoren den Rahmen vorgeben, die alles lähmende Gewohnheit. Die Gewohnheit, oder vielmehr die aus ihr folgende Sehnsucht nach Veränderung und Abwechslung ist eine der großen Gefahren für jede Partnerschaft, in der die eingefahrenen Rituale überhand genommen haben und der gemeinsame Umgang zum alltäglichen Trott geworden ist. Einerseits stellt die Fern-Beziehung, sofern sie von beiden Partnern gewollt ist, eine ideale Alternative zu dieser Macht der Gewohnheit dar, andererseits aber werden bald auch in den verschiedenen Phasen der Beziehung auf Distanz alle Abläufe und Rituale vermeintlich selbstverständlich und vertraut. So kann sich auch im getrennten Alltag und trotz genügendem Abstand bald die Routine breit machen, die nach Neuem Ausschau halten lässt – und die Beziehung gefährdet. Auch wenn die Vertrautheit (im Sinne von „wissen, dass man der Partnerin bzw. dem Partner vertrauen kann“) eine der wesentlichen Voraussetzungen dafür ist, dass die Partnerschaft gelingen kann, so bleibt doch stets die Gefahr bestehen, dass immer dann, wenn diese Vertrautheit endlich unter Mühen gewonnen ist, genau dieser so ersehnte Zustand wieder in Gewohnheit, Lähmung und Langeweile umschlagen kann.

Es ist unwahrscheinlich, dass sich die Partner nach Jahren noch so „anhimmeln“ wie in den ersten Monaten.[6] Dennoch: Das Durchhaltevermögen und die Bereitschaft, an und in der Beziehung zu wachsen, sie zu verändern, mit dem Partner zu ringen und manchmal auch die Durststrecke aufkommender Langeweile auszuhalten, den Umgang miteinander und die Ab-

[6] Zu den nachstehenden Orientierungen vgl. S. Fröhlich / C. Kleis: F(r)ischhalteabkommen. Länger Freude am Mann, Frankfurt a.M. 2003; sowie „Für Sie“ 06/2004, S. 101 ff.

läufe zu verändern, um die Partnerschaft neu zu beleben, gehören zu den entscheidenden Grundlagen für eine dauerhafte, wachsende und erfüllende Beziehung. Nur langfristig können sich die beiden Persönlichkeiten in einer Partnerschaft in ihrer ganzen Fülle entfalten. Es gilt zu erkennen, dass es mit einer neuen Bekanntschaft leicht ist, endlich mal wieder Schmetterlinge in den Bauch „zu zaubern", viel leichter als über Jahre und Jahrzehnte mit demselben Partner den normalen, oft grauen Alltag mit all seinen Höhen und Tiefen zu teilen. Letzteres bedarf vor allem der Geduld, Kraft und Ausdauer im gemeinsamen Ringen und viel harter Arbeit an sich selbst und am Partner. Dennoch wäre jeder ein Narr, der meint, beim neuen Partner wäre selbstverständlich alles anders, besser, interessanter usw. Es ist schlicht das Andere und Neuartige im Vergleich zum eigenen Partner, das so verlockend und belebend wirkt. Dennoch würde auch hier irgendwann alles vertraut sein, und bald würden auch die eingefahrenen Rituale ebenso lähmend wirken wie in der vorausgegangenen Beziehung. Die Kunst der stabilen Partnerschaft, der stabilen Fern-Beziehung ist es, auch die Monotonie des Alltags aushalten zu lernen – und dabei doch auch immer wieder neu anzufangen, diesen zu verändern. Nicht nur die eigenen Gedanken und Gefühle, sondern auch den eigenen Alltag gilt es immer wieder neu dem Partner mitzuteilen. Gleichzeitig aber kommt es darauf an, diese Bereiche des Partners auch immer aufs Neue zu erkunden, zu erahnen und entfalten zu helfen. Eine Voraussetzung neben all den genannten Grundlagen für jede gelingende Beziehung ist darüber hinaus, dass jeder Partner für sich selbst zufrieden wird, auch auf sich selbst achtet, ohne das gemeinsame WIR aus den Augen zu verlieren. Nur wer mit sich selbst im Reinen ist, sich auch selbst zu „pflegen" versteht, kann auch eine intakte Beziehung, ein WIR, leben.

Wissenschaftler und Paarberater können ziemlich genau beschreiben, welche Partnerschaften die größten Chancen haben, langfristig zu bestehen. Die wesentlichen Voraussetzungen dafür treffen auch auf die Fern-Beziehungen zu. Neben den genannten Säulen ist ein gemeinsamer Lebensentwurf von entscheidender Bedeutung, d. h. die Rahmenvorstellungen für das gemeinsame Leben, in dem die Ziele und Sehnsüchte einander ähnlich bzw. miteinander vereinbar sein sollten oder gegebenenfalls vom Paar gemeinsam „abgestimmt“ bzw. angepasst werden sollten. Hans Jellouschek[7] nennt beispielsweise (neben der eigentlichen Liebe bzw. dem Verliebtsein) folgende weitere Punkte, die von großer Bedeutung für die stabile Partnerschaft sind:

Wichtige Voraussetzungen für eine stabile Partnerschaft:

- **Ähnlichkeit** in vielen Lebensbereichen (Alter, Religion, Bildungsstand, Geschmack, Werte usw.)
- **Eigenständigkeit** beider Partner (bei aller Ähnlichkeit)
- **Ausgleich** zwischen Geben und Nehmen (muss sich immer wieder einpendeln, auf lange Dauer macht ein Ungleichgewicht unglücklich)
- **Sich in den anderen hineinversetzen** (die Situation mit den Augen des Partners sehen)
- **Gut miteinander verhandeln** (miteinander ringen und streiten können und gemeinsam Kompromisse erzielen können ist wesentlich)
- **Gut miteinander kooperieren**
- **Gemeinsame Anliegen und Ziele** (Religion, Gesellschaft, Politik, soziales Engagement usw.)

Sicher ist, dass sich das Zusammenspiel verschiedenster Aspekte auf das Gelingen der Beziehung auswirken wird. Wenn also der zermürbende (entfernte) Alltag und die lähmenden Gewohnheiten (wozu längst nicht alle Rituale gehören, haben diese doch auch die wesentliche Funktion, eine

---

[7] H. Jellouschek: Wie Partnerschaft gelingt – Spielregeln der Liebe. Beziehungskrisen sind Entwicklungschancen, Freiburg i. Br. [13]2004, S. 142–152.

Partnerschaft stabil zu halten) zu Stolpersteinen in der Beziehung werden, dann braucht es Grundlagen, die die Gewohnheit in Vertrautheit und schließlich wieder in Neugierde auf den Partner verwandeln können.

Dazu sollen schon an dieser Stelle die folgenden Orientierungen zusammengefasst werden, die dann im zweiten Teil des Buches (ab Kapitel 4) nochmals ausführlich behandelt werden:

- Die Partner müssen sich für Gemeinsames (ausdrücklich und am besten abwechselnd, spontan wie auch geplant) Zeit nehmen. Sie teilen sich dabei Wesentliches und Alltägliches mit. Vor allem aber „teilen sie sich selbst mit" – und lassen den Partner bzw. die Partnerin sich mitteilen (Zeit-Inseln, die nur der Partnerschaft gehören).
- Sie verbringen mindestens so viel Zeit wie für das wichtigste Hobby miteinander, und der Partner hat mindestens den selben Stellenwert wie der Beruf und die Freizeitbeschäftigungen.
- Die Partner sind bereit und bemühen sich, sich in die Lage des anderen hineinzuversetzen.
- Die Partner sprechen, streiten und versöhnen sich, sie trösten einander und spornen sich gegenseitig an. Besonders das gegenseitige Anspornen und Motivieren ermöglicht ein beiderseitiges Gefühl der Zufriedenheit und verhindert lähmende Monotonie.
- Das Paar bildet auch im (örtlich entfernten) Alltag ein Team – und lässt dies den Partner immer wieder wissen und spüren.
- Das Paar findet immer wieder den Ausgleich zwischen Geben und Nehmen.
- Die Eigenständigkeit, die sich jeder Partner innerhalb dieses gemeinsamen Rahmens erarbeitet, ist das entschei-

dende Kriterium dafür, dass die Partnerschaft lebendig bleibt. Eigene Kontakte, eigene Aktivitäten, eigene Interessen, eigene Pläne und eigene Meinungen sind das Salz in der gemeinsamen Suppe, die dadurch stets neu angereichert und „schmackhaft" gehalten wird. Nur so kann sich jeder entfalten, weiterentwickeln und immer neu die eigene spannende Unergründlichkeit (für den Partner) bemerkbar und (für sich) wach halten. Die Liebe ist nicht wie Verliebtsein. Verlieben ist einfacher als in der Liebe zu bleiben. Dennoch: Die Persönlichkeit kann sich in der Fülle ihrer Möglichkeiten nur auf Dauer entfalten, also in einer langfristigen Partnerschaft. Die unendlichen Möglichkeiten in der Liebe übertreffen alles, was in einem zeitlich doch beschränkten Verliebtsein je möglich sein wird.

- Auch funktionierende Beziehungen sind manchmal langweilig. Das gilt es zu wissen und zu akzeptieren. Es ist unmöglich, über Jahre oder gar ein ganzes Leben lang zusammen zu bleiben, ohne dass manchmal auch ganze Zeiträume hindurch langweilig werden. Aber nur auf Dauer kann sich die Persönlichkeit entfalten. Das Faszinierende des Partners, das es langfristig immer neu zu ent-decken, aber auch am Partner zu motivieren gilt, kann eine echte Kraftquelle für die erfüllende Partnerschaft sein. Diese zu erreichen ist oft mühsam, aber durchaus möglich. Für sein eigenes Glück ist zwar jeder immer auch selbst verantwortlich, doch kann und soll daraus auch das gemeinsame Glück immer wieder neu erwachsen.

- Die Partnerschaft weiterzuentwickeln und zu erkennen, dass Stillstand auf die Dauer lähmt, ist eine wesentliche Grundlage dafür, dass in der Fern-Beziehung eine besondere Chance gesehen werden kann. Denn es ist ja gerade das Wechselspiel zwischen Nähe und Distanz, in dem eine Beziehung sich dauerhaft entfalten und reifen kann.

2 Die Entwicklung der Gefühle

Viele Abläufe, Spannungen und Streitphasen werden in der Fern-Beziehung als immer wiederkehrend und deshalb belastend empfunden – und führen so langfristig oft zu einer Dauerbelastung der Partnerschaft, schlimmstenfalls sogar zum Scheitern. Dadurch, dass gewisse Abläufe als „typisch" erkannt werden und somit deren Ursachen verständlich werden, verlieren sie einen Teil ihres Schreckens. Sie werden dadurch zwar nicht angenehmer, aber doch leichter zu ertragen.

Die folgenden Überblicke verdeutlichen, wie viele Partner die Entwicklung der Gefühle vor, während und nach den jeweiligen Phasen der Trennung erleben. Zugleich aber wollen sie auch ein Raster für die betroffenen Partner anbieten, damit diese erkennen, dass „gewisse wiederkehrende Reaktionen" und Kreisläufe eigentlich ganz normal sind. Das bedeutet, dass innerhalb der beschriebenen Abläufe auch je eigene Chancen liegen können, einerseits mit den belastenden Situationen vertrauter umgehen zu lernen, und andererseits zu erkennen, welche speziellen Gestaltungsmöglichkeiten sich innerhalb des scheinbar Vorgegebenen verbergen. Dies ist bereits der erste Schritt, Entwicklungen nicht nur zu akzeptieren, sondern sich auch auf sie einzustellen, um sie dann selber aktiv gestalten zu können. An diesen anfänglichen und scheinbar vordergründigen Schwierigkeiten nicht zu scheitern, bedeutet auch schon, an ihnen mit dem Partner gemeinsam wachsen zu können.

2.1 Die Entwicklung der Gefühle in belastenden Zeiten

Es ist hilfreich zu verstehen, dass der Verlauf der Gefühlsentwicklung bei Fern-Beziehungen ähnlich ist wie bei Krisen und Trauer. Sowohl Liebeskummer als auch andere existentiell belastende Ereignisse werden meist in ähnlichen Abläufen und Phasen durchlebt, bevor der Betroffene wieder in der Lage ist, sein (verändertes) Leben neu zu gestalten. Auch die Zeit nach der Diagnose einer schweren Krankheit oder auch andere Krisenzeiten verlaufen nach einem ähnlichen Schema, selbstverständlich in unterschiedlich intensiver Ausprägung. Zunächst wird das Problem vor sich selbst verleugnet. Diese Phase geht meist über in ein langsames „Sich-Eingestehen". Die klassischen Fragen in diesen Zeiten sind die berühmten Sätze „warum gerade ich?", „warum wir?", „warum jetzt?". Daran schließt meist eine Phase an, in der zunächst verhandelt und gerungen wird. Der Betroffene (übrigens auch nichtgläubige Menschen) verhandelt mit Gott, dem Schicksal oder einer höheren Macht. Stellt sich durch Versprechungen und Verhandlungen nicht die erwünschte Veränderung ein, so folgen meist Wut, Zorn, Verzweiflung und schließlich oft eine abgrundtiefe Enttäuschung bis hin zur Depression. Je nachdem wie belastend die Neuigkeit ist, desto heftiger können die einzelnen Phasen ausfallen. Sie können in unterschiedlichen Abläufen auftreten – oder einzelne Abschnitte können ganz ausfallen. Nach längerem Ringen gelingt dann im Idealfall das Akzeptieren der Veränderung. Dann kann langsam begonnen werden, unter den akzeptierten Voraussetzungen neu anzufangen oder die Veränderung als „nun zu mir gehörend" anzunehmen.

Je länger man einen Abschied, eine Krise, eine Veränderung, eine Krankheit (mit allen Konsequenzen), einen Grund für Liebeskummer usw. nicht wahrhaben will, desto länger dauert auch die Phase der chaotischen Gefühle mit immer wieder wechselnden Gefühlen wie Wut, Zorn, Traurigkeit usw. Erst wenn die Annahme des Neuen ganz gelingt, kann sich auch das Leben wieder einpendeln. Wut bzw. Aggressionen haben dabei eine wichtige Bedeutung. Sie zeigen bereits die neue aktive Haltung an und verweisen darauf, dass man sich der Situation nicht mehr nur ausliefern will. Man beginnt, sich die negativen Seiten bzw. die positiven Seiten des Neuen einzugestehen. Typisch ist dies z. B. bei Liebeskummer. Meist gelingt das Loslassen des ersehnten Partners nach einer Trennung erst, wenn endlich auch Wut ihm gegenüber empfunden werden kann. Auch wenn diese Aggressionen schwankend sind und wieder verschwinden, erfüllen sie dennoch eine wichtige „Durchgangsfunktion". Der Ablauf kann sowohl bei Lebenskrisen[1] als auch beim Trauerprozess[2] in entsprechende Phasen eingeteilt werden:

- **Erste Phase:**
  Nicht-Wahrhaben-Wollen, Verdrängung (Negation) und Rückzug (Isolation)
- **Zweite Phase:**
  Aufbrechen chaotischer Gefühle (emotionales Durcheinander)
- **Dritte Phase:**
  Suchen – Finden – Sich-Trennen (langsames Loslassen)
- **Vierte Phase:**
  Langsame Annahme, Erkennen der Chancen, Neugestaltung (Akzeptanz)

---

[1] Verena Kast beschreibt diese Entwicklungen, mit leicht veränderter Gewichtung, unter der Bezeichnung „Der Trauerprozeß als Lebensübergang" bzw. „Trennung und Trauer als Prozeß": Vgl. Kast, V.: Lebenskrisen werden Lebenschancen. Wendepunkte des Lebens aktiv gestalten, Freiburg-Basel-Wien 2000, S. 69–81.

[2] Vgl. dies.: Trauern. Phasen und Chancen des psychischen Prozesses, Stuttgart 1999, S. 67–90.

Im gesamten Prozess der Verarbeitung spielt die Kommunikation, hauptsächlich die Offenheit für Gespräche und der Austausch mit anderen, eine ganz herausragende Rolle. Sprache, Sich-Mitteilen und Sich-Austauschen (Interaktion) bilden die entscheidende Voraussetzung und Möglichkeit, um weiterzukommen, um sich über die Situation klar werden und schließlich die Neugestaltung der Lebensveränderungen erreichen zu können.

2.2 Die Entwicklung der Gefühle bei *längeren* Fern-Beziehungen (über Wochen und Monate) – vor, während und nach der Abreise

Wie bei Krisenzeiten ist es auch bei der Fern-Beziehung eine wichtige Notwendigkeit, das Leben immer wieder neu auszurichten. Dabei erkennt man leichter, was im Leben wirklich zählt. Daraus kann aber auch ersehen werden, dass die seelischen Belastungen bei längeren Fern-Beziehungen grob nach den beschriebenen Phasen ablaufen. Die Zeiten der Krise und die Zeiten der Trauer sind nahe miteinander verwandt. In einer Art Trauer werden die Gegebenheiten erlebt, um sie somit für eine neue Zukunft zu „bearbeiten". Dass die Verlaufskurven sich im Allgemeinen über die Phasen von Verleugnung (Negation), innerlichem Rückzug (Isolation), gefühlsmäßigem Ringen (Wut, Zorn und Traurigkeit) und im Idealfall letztlich hin zur Annahme und Neugestaltung (Akzeptanz) bewegen, ist ein wichtiges Merkmal, um sich den Gefühlsentwicklungen in Fern-Beziehungen annähern zu können.

Auf dieser Grundlage können nun die möglichen Entwicklungen der Gefühle bei Fern-Beziehungen aufgezeigt werden, um ihre Abläufe besser verstehen zu können.

er Kreislauf der Gefühle bei *längeren* Fern-Beziehungen

. Anfangsschock nach Ankündigung

- Grundsätzliche Überlegungen, „ob wir die Trennung überstehen können" – und „ob wir bzw. ich diese Trennungszeit überhaupt für eine Partnerschaft akzeptieren können/kann"?
- Gedankliche Vorstellung, wie es werden könnte. Innerliche Auseinandersetzung, Verarbeitung oder Verdrängung der Konsequenzen.
- Ringen zwischen Ängsten/Befürchtungen bzw. Chancen/Hoffnungen.

2. Zeit der Abreise

- Ringen um Harmonie vor der Abreise, letztlich aber oft besondere Distanziertheit und Unfähigkeit, sich gegenseitig Gefühle zu zeigen („emotionale Starre"); oder umgekehrt: intensives Bedürfnis nach Nähe.
- Sorge um die Beziehung nimmt zu. Wichtig ist in dieser Phase, dass sich beide Partner bewusst sind, dass sie Gefühle nicht wie im Alltag einfach verdrängen können (wegen „Gefühlschaos").

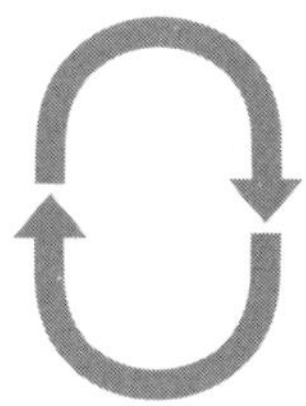

3. Erste Zeit nach Abreise

- Durcheinander der Gefühle.
- Unsicherheit, wie es weitergehen soll.
- Gefühlschaos hält an (evtl. „Heulwochenenden").

4. Langsame Erholung und Stabilisierung

- Versuche, die Situation zu bewältigen, nehmen immer mehr zu. Auch Selbständigkeit, Selbstbewusstsein, Trotz und der Wille, die Zeit der Trennung zu überstehen (wachsendes Selbstbewusstsein).
- Die Starre der Traurigkeit löst sich. Sie wird verdrängt von relativer Ruhe.
- Versuch von Tag zu Tag zu leben. Emotionale Krisen treten zwar noch auf, aber ihnen folgen stetig Ruhephasen („Jojo-Effekt").

5. Erwartung des Wiedersehens

- Gedanken kreisen um die Frage „wie wird es sein?", Ängste bzw. Vorfreude nehmen zu.
- Vorbereitungen der Organisation, Pläne, Überlegungen beginnen.
- Dabei werden auch wiederauftauchende, verdrängte Konflikte und Anspannungen belebt, die vor der Abreise evtl. nicht mehr ausgeräumt werden konnten („schlafende Bedingungen").

. Wiedersehen

Anpassungsschwierigkeiten hängen von der Dauer und den Erlebnissen während der Trennung ab.
Im Idealfall herrscht die Motivation vor, gemeinsam wieder eine Einheit zu werden, sich wieder aneinander zu gewöhnen und die Trennung zu verarbeiten.
Zugleich aber werden auch die Veränderungen des Partners und meines Alltags immer deutlicher.
Zunehmend werden die Veränderungen in den Rollen und Persönlichkeiten langsam verarbeitet (verändertes Selbstbewusstsein beider!).
Die Partner brauchen Zeit, das Gleichgewicht wieder finden zu können.

Konkret kann dies für das Paar bzw. die Partnerschaft bedeuten:

Eventueller „Anfangsschock" nach Ankündigung

Die eigentliche Ankündigung, dass ein Partner längere Zeit „weg sein wird“, kann zunächst, wenn diese Information überraschend ist, zu einem „Anfangsschock“ führen, der einige Zeit anhält. Die Unsicherheit entsteht, da die Partner eventuell zunächst nicht abschätzen können, wie sich diese Trennung auf die Partnerschaft und den Beziehungsverlauf auswirken wird. In der unmittelbaren Vorbereitung auf die Trennung, also ein bis zwei Wochen vorher, überwiegen Ärger, Anspannung und Protest. Folgender Verlauf der Krisenphasen ist zu erkennen:

- Befürchtungen, Abwehr (Lässt es sich nicht vermeiden?),
- Verhandlungen („Warum wir?“, „Warum ich?“, „Wie stehen wir das durch?“, „Ist die Trennung gefährlich für unsere Beziehung, für dich, für uns?“, „Können wir uns vertrauen?“, „Können wir uns treu sein?“ usw.).

Unmittelbare Zeit der Abreise

Die Tage vor der Abreise können beherrscht sein von zunehmender Distanz zwischen den Partnern (emotionale Starre) oder auch umgekehrt von intensivem Drang nach Nähe (Anlehnungsbedürfnis), weil jeder für sich zunächst mit der Situation klarkommen muss. Die Sorge um die Beziehung nimmt nun oft zu, da der Abschied konkreter wird. In dieser Phase muss beiden Partnern bewusst sein, dass nicht gezeigte Gefühle (Emotionen) nicht bedeuten, dass diese Gefühle füreinander fehlen. Der Austausch von Zärtlichkeiten, Intimitäten und körperlicher Zuwendung ist dann oft überhaupt verändert. In dieser Zeit geschieht etwas wie die vorweggenommene Verarbeitung der Trennung („prospektive Trauer“). Die Spannungen und die Distanzierung entsprechen also notwendigen und „normalen“ Entwicklungen in dieser Phase. Sexueller Kontakt findet in dieser Zeit aufgrund der Diskrepanzen häufig unter veränderten Bedingungen statt. Manche Partner wollen in diesen schwierigen Zeiten besonders oft, andere besonders wenig bzw. überhaupt keinen sexuellen Austausch. Dies kann den seelischen Druck auf den Einzelnen noch zusätzlich verstärken. Auf den einen, weil er meint, dem Partner nicht gerecht werden zu können; auf den anderen, weil er nicht weiß, warum ihn sein Partner auf Distanz halten möchte. Das Paar möchte einerseits diese Abschiedszeit so harmonisch wie möglich gestalten, andererseits jedoch dominieren in dieser Zeit die Vorbereitungen (beruflich, persönlich, Familie, Freunde, Bekannte, Kollegen und soziales Umfeld), die Befürchtungen und der Stress. Harmonie ist also oft nicht oder nur erschwert möglich. Darunter leidet auch die persönliche Vorbereitung des Paares bzw. der Familie. Häufige Konsequenz aus dieser Diskrepanz zwischen Anspruch und Wirklichkeit sind Aggressionen und Traurigkeit (auch Depression).[3] Die Partner und die Familie sollten darüber informiert sein, dass diese Stressfaktoren normale Abläufe sind. Das erleichtert häufig das Aushalten und Verstehen der Spannungen. Zu vergleichen ist dieser Zustand etwa mit den bekannten „Weihnachtseffekten“. Da alle in der Familie die Festtage besonders harmonisch gestalten wollen, entsteht aus dem Druck oft erst recht Stress und Spannung.

Erste Zeit nach der Abreise („emotionale Verlorenheit“)

Kurz nach der tatsächlichen Trennung setzen oft extreme Traurigkeit, das Gefühl der Einsamkeit und Verlassenheit bzw. Verzweiflung ein. Das Paar war meist gewohnt, den Alltag zusammen zu organisieren und zu erleben. Die gemeinsame Lebenswelt war eingespielt. Der Partner, der abgereist

---

[3] Auch hier zeigen sich wieder die klassischen Abläufe der Gefühlsentwicklungen.

ist, hatte für gewöhnlich seine geordnete Aufgabe am vorgegebenen Ort zu erfüllen und war in ein eigenes soziales Umfeld (Tätigkeit, Aufgaben, Ort, Kollegen, Freunde usw.) eingegliedert. Und auch sein „entfernter Alltag" ist meist schon relativ klar vorstrukturiert. Der daheim gebliebene Partner jedoch muss nun das bisher zusammen gestaltete Umfeld („Lebenswelt") alleine organisieren und realisieren. Gefühle der Verlorenheit, des Alleinseins und der Überforderung sind oft die Folge.

In den ersten Phasen bzw. Wochenenden nach der Trennung wird die konkrete Situation besonders schmerzlich bewusst. „Heulwochenenden" sind häufig die Konsequenz. In diesen Zeiten ist es besonders hilfreich, sich auf die Zuwendung von Freunden und Verwandten verlassen zu können. Es wäre ideal, Bekannte vorab um Unterstützung zu bitten und das „Sich-Helfen-Lassen" zu planen. Auf selbstverständliche Unterstützung zu hoffen wäre falscher Stolz, da diese Bekannten manchmal diese Hoffnung auf Unterstützung gar nicht wahrnehmen – oder aber auch denken, dass die Anteilnahme nicht erwünscht sein könnte.

Die Vorbereitung auf diese Zeiten der Verlorenheit sind von besonderer Bedeutung. Dafür sollten schon im Vorfeld der Trennung gemeinsame Überlegungen angestellt werden (Strategien), wie diese Phasen am besten bestanden werden können. Auch in diesem Trennungsabschnitt sollte den Betroffenen klar sein, dass es sich dabei um normale („gesetzmäßige") Abläufe handelt, die sich verändern und weiterentwickeln werden.

Langsame Erholung und Stabilisierung

Nach und nach beginnen die (aktiven) Versuche, die Situation zu bewältigen. Die Entwicklung geht langsam, dem Kreislauf gemäß, „vorwärts". Die Starre der Traurigkeit löst sich. Sie wird abgelöst von relativer Ruhe. Die Betroffenen versuchen, von Tag zu Tag zu leben und jeden Tag einfach nur zu bestehen. Die gefühlsmäßige Belastung wird zunehmend von der Erkenntnis abgelöst, dass der Alltag zwar jetzt ohne den Partner anders ablaufen muss, dass aber diese Zeit auch bewältigt werden kann. Die Erkenntnis setzt sich durch, dass die Trennungszeit noch andauern wird, gleichzeitig aber auch begrenzt ist und ein Ende haben wird. Emotionale Krisen treten zwar noch auf. Ihnen folgen aber stetig Ruhephasen („Jojo-Effekt"). Ist dieses Stadium erreicht, ist die extremste Zeit der emotionalen Schwankungen und Belastungen meist schon überwunden.

Erwartung des Wiedersehens

Der daheim gebliebene Partner beginnt mit den Vorbereitungen und der Organisation für die Rückkehr. Dabei werden auch wiederauftauchende Konflikte und Anspannungen („schlafende Bedingungen") neu, eventuell auch stärker als vor der Trennung, belebt. Die gedankliche Vorbereitung des Wiedersehens erzeugt gleichzeitig Vorfreude, aber auch Vorbereitungsstress. Besonders wichtig für diese Phase ist es, dass dem Paar im Vorfeld klar wird, zunächst möglichst wenig konkrete Planungen für das Wiedersehen zu machen. Verpflichtungen und Erwartungen sind zunächst oft eine Überforderung. Das Wiedersehen und der gemeinsame Neuanfang an sich sind für die Partnerschaft ohnehin eine eigene, stark fordernde Aufgabe. Termin-Planungen (Besuche und Treffen von Angehörigen und Freunden) sollten erst nach dem Wiedersehen langsam organisiert werden. Der Idealfall für die Partnerschaft wäre es, die ersten Tage nach dem Wiedersehen auf einem „neutralen" Terrain zu verbringen. Ein erstes gemeinsames „Kurzurlaubs-Wochenende" in einer entspannenden Umgebung (wobei die Entfernung vom Wohnort nicht entscheidend ist) kann für das „Herantasten und Neugewöhnen" der Partner aneinander äußerst hilfreich sein.

Konflikte werden aber auch da nicht ausbleiben. Doch das Paar hat nun zumindest die Möglichkeit, sich zunächst auf sich selbst als Paar zu konzentrieren – an einem neutralen Ort, ohne all die äußeren Einflüsse, Ablenkungen und sonstigen Rahmenbedingungen von zu Hause. So kann Raum und Zeit für das erste Wiedersehen und die Neugewöhnung der Partner aneinander entstehen, ohne sich dem natürlichen Druck des sozialen, vermeintlich gewohnten Umfeldes zu Hause aussetzen zu müssen.

Das Wiedersehen

Die Anpassungsschwierigkeiten hängen von der Dauer und der Qualität der getrennt verbrachten Zeit ab. Das Paar bemüht sich, wieder eine Einheit zu werden, sich wieder aneinander zu gewöhnen. Konflikte aufgrund der unterschiedlichen Erlebnisse und Entwicklungen sind normal und notwendig, um sich neu finden zu können. Veränderungen in den Rollen und den Persönlichkeiten müssen erst noch verarbeitet werden. Beide Partner brauchen Zeit, das Gleichgewicht wiederfinden zu können. In dieser Zeit entstehen Konflikte, deren Gründe vor allem darin liegen, dass die zurückliegende Trennungszeit unterschiedlich erlebt wurde. Der Partner, der zurückgekommen ist, musste für die Zeit während der Fern-Beziehung im Alltag „ersetzt" werden. Zumindest aber musste der Alltag auch ohne ihn funktionieren. Rituale und Gewohnheiten mussten zwangsläufig verändert werden. Der zurückkehrende Partner könnte sich grundsätzlich „ersetzt bzw. ungebraucht" vorkommen. Zugleich soll der daheim gebliebene Partner seine „neue Ordnung" zu Hause übergangslos wieder in den alten Zustand versetzen, was selbstverständlich nicht automatisch gelingt. Beides führt zu Spannungen. Die neuen Abläufe und Rituale sind dem daheim gebliebenen Partner nun bereits lieb geworden und scheinen ihm auch sinnvoll. Warum also sollte er sie wieder verändern? Nicht selten wünschen sich die Rückkehrer deshalb zuweilen wieder in den (geordneten und sozial eingebetteten) anderen Zustand, zur Zeit der Trennung, zurück. Gleichzeitig sehen viele der daheim gebliebenen Partner hauptsächlich die Bereiche, die während der Trennung zufriedenstellend funktionierten. Auch hier sollten sich beide Partner darüber im Klaren sein, dass es sich um „normale" Entwicklungen handelt. Die Partnerschaft bzw. die Rollen in der Familie und in der Partnerschaft müssen neu organisiert und entwickelt werden. Darin liegt für beide Seiten jedoch nicht nur ein Belastungspotenzial, sondern zugleich auch die große Chance der Veränderung, der Weiterentwicklung und des Reifens der Beziehung.

Wird diese Phase gemeinsam gemeistert, so hat dies oft eine deutliche Steigerung der Beziehungszufriedenheit und des Zusammengehörigkeitsgefühls zur Folge. Gemeinsam bewältigte „schwierige Zeiten" schweißen das Paar langfristig zusammen. Die Faustregel für die zeitliche Entwicklung dieser Phase ist, dass die Wieder-Gewöhnungszeit genau so viel Zeit in Anspruch nehmen kann, wie die Trennung selbst dauerte. Problematisch wird es allerdings dann, wenn bereits eine neue Trennungszeit ansteht, noch bevor die vorhergehende ausreichend verarbeitet ist. Dieses Problem stellt sich vor allem bei den im nächsten Kapitel angesprochenen Wochenendbeziehungen, bei denen der neue, sonntägliche Abschied bereits wieder ansteht, noch bevor die Trennung der zurückliegenden Woche wirklich aufgearbeitet worden wäre.

Faustregel:

Die Dauer des neuen Zusammenfindens kann etwa so viel Zeit fordern, wie die Trennung selbst dauerte.

2.3 Partnerschaft als Wochenendbeziehung

Wie eben gezeigt, verläuft die Entwicklung der Gefühle in der Fern-Beziehung nach einem Muster, das sehr eng mit der Verarbeitung von belastenden Ereignissen verknüpft ist. Die Entwicklungen, wie sie beispielhaft für Trennungen über Wochen und Monate gezeigt wurden, lassen sich ebenso, wenn auch mit unterschiedlicher seelischer Belastung, bei kürzeren Fern-Beziehungen, wie z. B. Wochenendbeziehungen, nachweisen.

Generell kann auch für die Wochenendbeziehung gesagt werden, dass die Kommunikation zwischen den Partnern (in jeglicher Form) von grundlegender Bedeutung ist. Für Fern-Beziehungen bewährt sich vor allem der intensive Austausch anhand von Briefen. Sie bieten eine besondere Chance, Wesentliches mitzuteilen. Schriftlich Mitgeteiltes und „Festgehaltenes" bietet auch später eine Möglichkeit, die Gefühle während der getrennten Zeit aufzuarbeiten. Telefongespräche eignen sich vor allem für den Austausch von Alltäglichem. Dem Paar muss es gelingen, eigene Wege zu entwickeln, wie und in welcher Intensität der vermeintliche Alltag und die grundsätzliche Gefühlswelt während der Trennungszeiten untereinander ausgetauscht und (mit)geteilt werden können und müssen. Jede Kommunikationsform und jedes Medium bietet naturgemäß eigene Chancen und Schwierigkeiten, die es individuell von jedem Paar nach und nach zu erkennen und zu nützen bzw. zu vermeiden gilt.

Die Entwicklungen der Gefühlswelt vor, während und nach den getrennten Phasen hängen auch bei Pendlerbeziehungen, die oft „nur" während der Arbeitswoche entfernt leben, stark damit zusammen, wie zufrieden die Partner mit dem getrennten Beziehungs-Alltag und ihrer beruflichen Aufgabe sind. Entscheidend aber ist, ob es dem Paar gelingt, Erlebnisse, Gefühle, Erwartungen und Befürchtungen auszutauschen, im ständigen Wechsel zwischen der Ferne während der Arbeitswoche und der Nähe in der Zeit des gemeinsamen Wochenendes.

Grundsätzlich verlaufen die Entwicklungen, wenn auch in verminderter Form, bei Wochenendbeziehungen bzw. Pendlerbeziehungen wiederum in Gefühlskreisläufen. Der Ablauf im „wöchentlichen emotionalen Rhythmus" kann so beschrieben werden, dass wieder die gezeigten Phasen der längeren Trennungen erkennbar sind. Dabei sind allerdings die Belastungen für das Paar durch die kürzeren Trennungszeiten geringer. Zugleich aber erhöht sich auf Dauer die Belastung für die Beziehung, da die eigentlich gemeinsame Zeit, das Wochenende, relativ kurz ist, und dies in steter Regelmäßigkeit über einen längeren Zeitraum hinweg.

Eine besondere Gefahr für die Wochenendbeziehung könnte die „Veroberflächlichung" der Beziehung sein. Das bedeutet, dass das Paar die kurze gemeinsame Zeit des Wochenendes von den „vermeintlich" alltäglichen Erfahrungen der getrennten „Arbeitswoche" freihalten möchte. Das Problem verschärft sich dadurch, dass auch die kurze Zeit am Wochenende nicht ausreicht, um sich „genügend" (erfüllend) einander anzunähern. Das Paar pendelt dann im Widerspruch „relativer Nähe" in den getrennten Zeiten und „relativer Entfernung" in den gemeinsamen Zeiten. Denn in den getrennten Zeiten vermisst und ersehnt man den Partner – und ist sich so emotional relativ nahe. In den tatsächlich gemeinsamen Zeiten überwiegen dann aber wieder die Differenzen und die erkennbare Entfremdung. Beide Partner bleiben sich dadurch oft im Zusammensein relativ fern. Die schlechteste Folge könnte sein, dass sich das Paar langfristig nur noch oberflächlich annähern kann und den so wichtigen Alltag nur noch oberflächlich (mit)teilt. Das Ende wäre das Auseinanderleben und die Trennung. Jedes Paar muss also eigene Lösungen dafür finden, wie und in welcher Weise der Partner auch unter den gegebenen Umständen am eigenen Alltag teilhaben kann.

2.4 Die Entwicklung der Gefühle bei *kürzeren*, aber *häufigeren* Fern-Beziehungen (Wochenendbeziehung)

Das „Sonntags-Gefühl"

Vor der Abreise sind oft Gefühle wie Verwirrung, Beklemmung, Befürchtung, Ablehnung der Abreise, Zorn, Ärger, Schmerz, Distanzierung vom Partner – oder auch ein besonders intensives Anlehnungsbedürfnis – vorherrschend. In diesen Gefühlen spiegelt sich die Auflehnung gegen die bevorstehende Trennung und deren Konsequenzen wider. Zugleich sind sie eine Notwendigkeit, um die tatsächliche Trennung bestehen zu können. Das Kreisen der Gedanken um die Zeit ohne den Partner bringt möglicherweise eine Beklemmung mit sich. Typisch für Wochenendpendler ist das „Sonntags-Gefühl". Dieses zeichnet sich dadurch aus, dass die erste Hälfte des klassisch „letzten gemeinsamen Tages" vor der routinemäßigen Trennung besonders harmonisch gestaltet werden soll. Zugleich aber ist die zweite Hälfte des Tages bereits eingetrübt von der bevorstehenden Trennung – und kann somit auch nicht mehr unbeschwert erlebt werden. Dabei handelt es sich um eine vorweggenommene (prospektive) Trauer. Tatsächlich ist der Nachmittag des Sonntags (oft bereits nach dem Frühstück oder Mittagessen) in der Wochenendbeziehung belastet durch Abreisevorbereitungen und konkrete Planungen der kommenden Woche. Meist wird dieser Zeitraum für notwendige Vorbereitungen (Waschen, Bügeln usw.) für die Woche genutzt. Oft werden dann auch Planungen für die Fahrt und für Absprachen mit Mitfahrern gemacht. Die eigentlich noch gemeinsame Zeit ist somit durch die Vorbereitungen bereits eine Phase des indirekten „Getrenntseins". Die mögliche Unbeschwertheit der gemeinsamen Zeit ist dann vorbei, obwohl vielleicht die Abreise erst gegen Abend geplant ist. Zuweilen wird das Problem der Spannungen und die traurige Stimmung auch so zu lösen versucht, dass der Partner erst am Montagmorgen aufbricht. So ist zwar der gemeinsame Sonntag gewonnen, aber gerade der zu erwartende Montagsstress stellt meist auch wieder eine zusätzliche körperliche und seelische Belastung dar. Die Spannungen, ein mögliches Distanzieren und ein bisweilen beklemmendes Gefühl angesichts der erneuten Trennung sind also auch bei dieser Beziehungsform oft unvermeidbar. Viele Paare berichten davon, dass besonders der (meist sonntägliche) Stress bei der Vorbereitung der Abreise sowie die emotionalen Schwankungen durch das häufige Kommen und Gehen auf Dauer extrem belastend empfunden werden. Mit dieser Anforderung muss das Fern-Beziehungspaar umzugehen lernen bzw. einen eigenen Weg finden, wie die Belastungen seelisch und körperlich möglichst gering gehalten werden können. Anregungen dazu folgen ab Kapitel 4.

Das „Montags-Gefühl"

Während des ersten Tages des Getrenntseins herrscht auch bei „geübten" Fern-Beziehungspaaren ein gewisses „Durcheinander der Gefühle" vor („Sonntag-Abend-Gefühl" bzw. „Montags-Gefühl"). Beide Partner haben in ihren nun wieder getrennten Alltags-Welten „zu funktionieren". Die je eigenen Aufgaben wollen bewältigt werden. Gleichzeitig herrschen Traurigkeit und Ärger vor, weil die gemeinsame Zeit wieder vorüber ist. Die gemeinsamen Erlebnisse des vergangenen Wochenendes bestimmen Gedanken und Gefühle zu Beginn der Woche. Das Wochenende wird gedanklich und gefühlsmäßig nochmals durchlebt. Positive und negative Erlebnisse des gemeinsamen Wochenendes werden wachgerufen, um deren Bedeutung für die Partnerschaft zu bedenken. Zunehmend stellen sich im Bewältigen der gewohnten Wochenaufgaben mehr Gelassenheit und Ruhe, weniger Ärger, Freude über das Erlebte, Vertrauen und Hoffung sowie erneute Vorfreude auf das nächste Wiedersehen ein. Aber auch Einsamkeit wird immer wieder erlebt. Das Gefühl, verlassen zu sein, wechselt sich in der ersten Zeit der Fern-Beziehung immer wieder ab mit der wachsenden Sicherheit (Souveränität), auch alleine zurechtzukommen. Diese wechselnden Höhen und Tiefen in der Mitte der Woche können als „Jojo-Effekt" der Gefühle beschrieben werden (*„Dienstags/Mittwochs-Gefühl"*).

„Donnerstags-/Freitags-Gefühl"

Mit dem Überschreiten der Wochenmitte stellt sich oft auch wieder die konkrete Vorfreude auf die Rückkehr und das Wiedersehen ein. Gedanklich und in den konkreten Planungen wird bereits das Wiedersehen am Freitag vorbereitet und erwartet. Zu den Gefühlsschwankungen gesellen sich immer wieder (meist hohe) Erwartungen, Sorgen, Befürchtungen und mit der Vorfreude auch die Sehnsucht, das Wiedersehen kaum erwarten zu können.

„Freitags-/Samstags-Gefühl"

Das Wiedersehen ist bestimmt durch das stets neue „Aneinander-Gewöhnen-Müssen" und die Neuordnung der Verhältnisse bzw. das immer neu notwendige Ordnen der Partnerschaft nach dem Wiedersehen. Anfängliche Überschwänglichkeit, aber auch Unannehmlichkeiten und ein Rollendurcheinander stellen sich ein. Die Schwierigkeit ist bei der kürzeren wie bei der längeren Trennung, dass beide Partner geprägt sind von einer Trennungszeit, aus der sie von extrem unterschiedlichen „Alltagen" (mit eigenen Aufgaben, Erlebnissen usw.) wieder zusammenfinden müssen. Als erschwerend kommt dabei hinzu, dass beide Partner zunächst nicht gleichermaßen über ihre Eindrücke sprechen wollen. Dies ist eine der entscheidenden Klippen für das neue Zusammenfinden. Die Folge ist ein eventuelles Gefühl der Befremdung. Die Partner glauben jeweils einen veränderten Partner vor sich zu haben. Diese Distanz wird eventuell durch die neue, in der Trennung gewachsene Sehnsucht zu überwinden gesucht: durch körperliche Nähe und Zuneigung (Zärtlichkeit, Sexualität usw.). Erst nach zunehmender Gewöhnung aneinander kann auch die Zufriedenheit mit der neuen Situation wieder zunehmen. Das Ritual des Gemeinsamen muss bei jedem Wiedersehen neu, mit den dazukommenden Spannungen, Enttäuschungen und Vertrautheiten, eingeübt werden. Auch für die Wochenendbeziehung gilt: Es ist nie einfach nur ein Wiedersehen, sondern stets ein kleiner Neuanfang in der gemeinsamen Partnerschaft. Ein neuerliches Glücksgefühl und die gewohnte Geborgenheit bzw. Vertrautheit kann sich je nach Zustand der Partnerschaft allmählich einstellen (*„Samstags-Gefühl"*).

Der Sonntag ist dann nach dem Samstag die eigentlich gemeinsame Zeit. Meist jedoch nur bis Mittag, abhängig davon, wann der Partner abreist. Mit der jeweiligen Zurücknahme, der möglicherweise heraufziehenden Beklemmung wegen des drohenden Abschieds und der erneuten Traurigkeit, Hoffnung und Freude beginnt der Kreislauf der Gefühle einer Fern-Beziehungswoche von neuem (vgl. *„Sonntags-Gefühl"*).

Das Wissen um die Abläufe bietet einen Rahmen, um zu erkennen, was die Partner in etwa zu erwarten haben – und deshalb auch umgestalten und verändern können. Dies gilt sowohl für langfristige, seelisch stark belastende Trennungen als auch für regelmäßige Pendler- und Fern-Beziehungen, die auf Dauer ebenso beschwerlich für das Paar sein können. Eine relative Distanzierung des einzelnen Partners unmittelbar vor und nach der Trennungszeit ist also auch bei weniger belastenden Trennungsphasen eine Reaktion, um die Trennung zu verarbeiten und die notwendige Selbständigkeit vorzubereiten bzw. beim Wiedersehen in die Partnerschaft zu integrieren. Wichtig ist zu wissen und zu erkunden, wie der Partner diese Phasen empfindet und erlebt. Die Distanz betrifft sowohl den verminderten Austausch im Gespräch als auch körperliche

Zuwendungen (Zärtlichkeit, Sexualität, usw.). Entscheidend ist es, die Distanzierung schließlich zu überwinden und gemeinsam die Trennungsphasen zu verarbeiten.

Die Kreisläufe sind mehr als nur Entwicklungen. Es handelt sich um in ähnlicher Form wiederkehrende Phasen, mit denen das Paar zunehmend routinierter umzugehen lernen kann. Eine mögliche Konsequenz daraus ist, dass die Partner im Vertrauen auf gemachte Erfahrungen die Abläufe nicht mehr als so belastend empfinden oder zumindest mit diesen Abläufen und den eigenen Reaktionen darauf innerhalb der Beziehung vertrauter und sicherer werden und dadurch eine gefühlsmäßige Entlastung möglich wird. Diese wiederum ist, wie zuvor gezeigt wurde, eine wichtige Voraussetzung, um in angespannten (krisenhaften) Zeiten den Gegebenheiten nicht passiv ausgeliefert zu sein, sondern aktiv die belastete Zeit gestalten zu können. Darüber hinaus aber bietet das auch kraftraubende, stets neue Sich-Einstellen-Müssen auf den Partner wie auch das Verarbeiten der Veränderungen des Partners und der Partnerschaft eine große Chance dafür, in der Beziehung lebendig zu bleiben.

Stets neu bietet sich, und sei es auch nur von der Situation erzwungen, die Chance, Befürchtungen, Hoffnungen, Gefühle und Gedanken des Partners intensiv kennen zu lernen und so auch in der gemeinsamen Partnerschaft weiter zu reifen.

Die Faustregel, dass die Wiedergewöhnungszeit ähnlich lang dauern kann wie die Zeitspanne der eigentlichen Trennung, macht deutlich, warum auch die Wochenendbeziehung nicht selbstverständlich „einfach so" gelingt: Es bleibt meist nicht genügend Zeit, um sich wieder neu aneinander zu gewöhnen – bevor dann schon die nächste Abreise ansteht – und die alltäglichen oder auch besonderen Gesprächsthemen sowie die vorhergehenden Veränderungen und Konflikte in ausreichendem Maße zu verarbeiten. Deshalb müssen gerade auch die Partner in Wochenendbeziehungen besonders aufmerksam auf Entwicklungen und Veränderungen in der Beziehung sein (s. Kapitel 5).

Zusammenfassung: Die Entwicklung der Gefühle in der Wochenendbeziehung

I. Phase: Vor der Abreise („Sonntags-Gefühl")

1. Erwartung der Abreise

   Allgemeine Aufregung aufgrund der Vorbereitungen, Protest-Stimmung gegen den Abschied, Angst vor der Ungewissheit, Ablehnung der Trennung und des Partners, Rückzug vom Partner – um die Trennung für sich selbst verarbeiten zu können – oder auch besonderes Anlehnungsbedürfnis, Verwirrung wegen Gefühls-Chaos, Befürchtungen, Zorn aufgrund der Trennungssituation und auf den Partner, Ärger, Druck, Schmerz.

2. Abreise

   Verwirrung, Unsicherheit, „hin und her gezogen" zwischen Zorn, Nähe und Distanziertheit. Um selber mit dem eigentlichen Abschied und der Trennung zurechtzukommen, zieht man sich evtl. vom Partner zurück.

II. Phase: Nach der Abreise

3. Gefühls-Durcheinander („Montags-Gefühl")

   Überlegungen zur Aufgabe („Lust alles hinzuschmeißen"), Beklemmung, Verlassenheitsgefühl, Einsamkeit, Hilflosigkeit und Gefühl des Ausgeliefertseins und des Funktionieren-Müssens.

4. Langsam zunehmende Ausgeglichenheit (während der Woche)

   Neue Sicherheit, Hoffnung, Vertrauen, Ruhe, weniger Zorn, aber immer noch Einsamkeit und immer wieder Hilflosigkeit, langsam wachsendes Selbstbewusstsein.

5. Erwartung des Wiedersehens („Donnerstags-Gefühl")

   Vorfreude, Befürchtungen, Aufregung, hohe Erwartungen, Sorge.

III. Phase: Nach dem Wiedersehen

6. Neuordnung der Verhältnisse („Freitags-Gefühl")
   Überschwänglichkeit und Freude, Überfrachten mit Erwartungen und Hoffnungen, Unannehmlichkeiten, Rollendurcheinander, Zufriedenheit, Glück, oft auch Streit, weil die Lebenswelten nicht mehr sofort zueinander passen; die Rituale und Zuständigkeiten haben sich geändert und auch die Partner können sich vorübergehend fremd geworden sein.

7. Wiedereingliederung und „Einspielen" des Miteinander („Samstags-Gefühl")
   Gemeinsames Aufwachen erleichtert den Zugang zueinander, Ringen und Verarbeiten des neuen Wiedersehens und der Veränderungen nach der Trennung, Auseinandersetzung mit dem Neuen, mit dem Vergangenen und Erlebten der letzten Tage, langsames Aufarbeiten der Erlebnisse.

Zunächst überwiegt oft der Eindruck, dass das Paar und die Beziehung so verändert sind, dass es nicht mehr gemeinsam gehen könnte, daher kommen auch Überlegungen zum Aufgeben der Beziehung. Schließlich müssen beide Partner geduldig Kraft, Energie, Toleranz und Neugierde aufbringen, um gemeinsam wieder neu das Verbindende und eigentlich Gemeinsame zu entdecken. Darauf folgt das Zurückfinden zum Gemeinsamen („Reintegration“) und zur Stabilisierung. Insgesamt aber ist die Partnerschaft durch die Belastung einem intensiven Reifeprozess ausgesetzt, der zur Entfaltungchance für die Beziehung werden kann.

3 Geschichte und begriffliche Entwicklungen der Fern-Beziehungen

Bei Fern-Beziehungen handelt es sich um alle Beziehungsformen, bei denen die Partner in einer festen Partnerschaft leben, aber aus unterschiedlichen Gründen (wirtschaftlichen, sozialen bzw. persönlichen usw.) keinen gemeinsamen Alltag und Haushalt („Bett und Tisch") teilen. Ebenso fallen darunter jene Paare, die in einer gemeinsamen Wohnung leben, aber einmalig oder immer wieder für Wochen oder gar Monate entfernt voneinander leben.

Konkrete Zahlen zu Fern-Beziehungsformen sind generell für die deutsche Gesellschaft nur schwer zu erheben. Fern-Beziehungen sind für das Statistische Bundesamt keine erfassbare Kategorie. Als sicher gilt, dass es sich dabei um eine Lebensform handelt, die von stark zunehmender Relevanz für die Gesellschaft ist. Seriöse Schätzungen gehen davon aus, dass mindestens jede achte Beziehung in Deutschland eine Fern-Beziehungsform ist. Tatsächlich aber dürfte die Zahl der Paare, die keinen gemeinsamen Alltag haben, die also mehrere Tage in der Woche oder gar wochen- und monatelang „Bett und Tisch" nicht teilen, um ein vielfaches höher sein. Allein bei Akademikern sind schätzungsweise 25 % der Paare phasenweise „entfernt zusammen". Durch den „Jahrhundertumzug" des Bundestages von Bonn nach Berlin mit vielen Betroffenen hat sich das Problem verschärft und auch größere Beachtung in der Öffentlichkeit gefunden. Besondere Aufmerksamkeit erfährt das Problem durch die Auslandseinsätze deutscher Soldaten. Auch der diskutierte Umzug des BKA von Wiesbaden nach Berlin rückte die Problematik in die öffentliche Wahrnehmung. Ein eigenes Untersuchungsfeld für diese Thematik würde auch der geplante Umzug des Bundesnachrichtendienstes (BND) von Pullach bei München nach Berlin darstellen. Dabei werden tausende Menschen vom Umzug direkt betroffen sein. Die Zahl indirekt Betroffener (Kinder und Angehörige) liegt noch viel höher. Auch dabei wird es in der Folge zu einer Großzahl an Fern-Beziehungen kommen, wenn nämlich die jeweiligen Partner aus verschiedensten Gründen nicht mit umziehen werden.

In der deutschen Gesellschaft generell leben hauptsächlich unverheiratete Paare in getrennten Haushalten und damit in Fern-Beziehungen. Dabei handelt es sich vorrangig um die gehobene Mittelschicht „am Anfang oder Zenit der Karriere".[1] Die geschätzte Zahl der Fern-Beziehungen dürfte noch viel höher ausfallen, wenn jene Paare dazu gerechnet werden, die zwar einen Haupthaushalt unterhalten, bei denen aber mindestens ein Partner während der Trennungszeiten in Gemeinschaftsunterkünften (Soldaten) oder in Hotels und Gaststätten usw. schläft oder auch längerfristig lebt. Diese sind nur schwer zu erfassen. Die Zahl würde sich nochmals erhöhen, wenn auch Fern-Beziehungen von Studenten erfasst werden könnten, von denen viele in Wohngemeinschaften leben. Die Anzahl ist letztlich nicht überschaubar. Neben den Paaren, die wegen der besseren beruflichen Möglichkeiten entfernt leben, sind vor allem auch jene zu nennen, von denen die Mobilität (auch für die Partnerschaft) meist schon von vornherein durch den Beruf mitgewählt wird, wie z. B. Piloten, Stewardessen, Soldaten, Fernfahrer, Seeleute, Politiker, Manager, Handelsvertreter, Montagearbeiter oder durchaus auch Studenten.[2]

---

[1] Vgl. K. Freymeyer / M. Otzelberger: In der Ferne so nah: Lust und Last der Wochenendbeziehungen, Berlin [3]2001, S. 11.

[2] Vgl. z. B. ebd. S. 5, sowie D. Schmitz-Köster: Liebe auf Distanz. Getrennt zusammen leben, Hamburg 1990, S. 21.

Der besondere Mobilitätsanspruch dieser Berufsstände, vor allem des Soldatenberufes (einerseits „alltägliche" Versetzungen oder Lehrgänge, andererseits zunehmende Beteiligungen deutscher Soldaten an Auslandseinsätzen, die über Monate dauern können), lässt darauf schließen, dass es hier eine viel größere Zahl an Fern-Beziehungen geben dürfte, als dies ohnehin schon in der „übrigen Gesellschaft" der Fall ist und deren Anzahl auch kaum überschaubar ist.

Geschichtliche Entwicklung der Fern-Beziehung

Paare, die zeitlich oder dauerhaft entfernt voneinander lebten, gab es seit jeher. Für Wander- und Saisonarbeiter, Handelsreisende, Seeleute oder auch Soldaten, die unterschiedlich lang ohne ihre Partner lebten, war die vorübergehende Trennung vom Partner oftmals selbstverständlich. Dabei wurde meist kein zweiter Haushalt gegründet, sondern der Partner, der den gemeinsamen Wohnort verließ, lebte z. B. in Gasthäusern oder Gemeinschaftsunterkünften.[3] Für den Großteil der Handwerker, Händler, Bauern und Landarbeiter war aber das Familien- und Arbeitsleben örtlich nicht getrennt. Im Laufe des 18. und 19. Jahrhunderts wurde dies grundlegend anders. Die Entwicklung hängt zunächst mit dem bürgerlichen Familienideal zusammen. Die zunehmende Industrialisierung aber zwang zu einer Trennung von Wohn- und Arbeitsort. Daraus entwickelten sich zwei Vorformen heutiger Fern-Beziehungen:[4]

1. Der Familienwohnsitz auf dem Lande und der Wohnsitz des Ernährers in der Stadt – das getrennte Zusammenleben als Ausdruck eines neuen Familienideals im Bürgertum.

---

[3] Freymeyer / Otzelberger geben einen Überblick über die historische Entwicklung der Fern-Beziehung: Vgl. In der Ferne so nah, S. 48.

[4] Vgl. ebd. S. 48 f.

2. Industriearbeit getrennt von der Familie als Möglichkeit der Existenzsicherung – strukturelle Veränderungen führten in weiten Teilen der unteren Bevölkerungsschichten zum berufsbedingten Pendeln.

Einen zweiten Haushalt am Arbeitsort konnten Pendler, deren Weg zur Arbeit zu lang geworden war, meist nicht realisieren. Als Schlaf- oder Kostgänger mussten diese bei anderen Familien oder auch in Schlafhäusern unterkommen, um sich dieses Wochenendpendeln ermöglichen zu können.[5] Bedingt durch die verbesserte Infrastruktur, den Ausbau von Zug- und auch Busverbindungen um 1920 sowie durch die aufkommende Beschränkung der Arbeitszeit konnten zunehmend längere Strecken zur Arbeit innerhalb eines Tages zurückgelegt werden. Damit verringerte sich der Anteil derer, die am Wochenende pendelten, gegenüber den Tagespendlern.[6]

Begriffliche Entwicklungen der Fern-Beziehungen

Zu unterscheiden sind folgende Paare: jene, die an einem gemeinsamen Hauptwohnort leben, wobei ein Partner aus meist beruflichen Gründen regel- oder unregelmäßig mehr oder weniger lange an einem anderen Wohnort oder in einem zweiten Haushalt lebt. Dem stehen diejenigen Paare gegenüber, die zwar eine gemeinsame Beziehung oder auch Ehe leben, prinzipiell aber in zwei eigenen Haushalten leben. Diese unterschiedlichen Formen wurden bisher kaum ausdrücklich voneinander unterschieden. Eine wichtige Unterscheidung muss noch dahingehend gemacht werden, ob die Paare die Lebensform frei gewählt haben („gewollt“) oder so schnell

[5] Vgl. ebd. S. 50 f.
[6] Vgl. ebd. S. 51.

als möglich beenden (wollen), also eigentlich am selben Ort leben möchten („ungewollt").[7]

Wegen der fehlenden Einheitlichkeit haben sich verschiedene Begriffe herausgebildet. Diese überschneiden sich teilweise auch inhaltlich. Folgende Begriffe tauchen immer wieder auf und sollen daher hier kurz erläutert werden: Living apart together, Long distance relationship, Liebe auf Distanz, Fernliebe, Commuterehe und Spagatfamilie. Gesondert werden dazu noch Pendlerbeziehung oder auch Teilzeit-Ehe bzw. die Wochenendbeziehung angesprochen.[8]

Gewollte oder ungewollte Fern-Beziehung („Living apart together" oder „Long Distance Relationship")?

- Der Begriff **„Living apart together"** stammt ursprünglich aus dem Titel des niederländischen Kinofilms von Wim Verstappen: „Frank & Eva, Living Apart Together" von 1973. Michiel Berkel übernimmt die Bezeichnung in der Presse erstmals zur Beschreibung eines Paares in fester Bindung, das auf getrennte Wohnungen besteht. Der Überbegriff bezieht sich auf die Paare, die in einer Wohnung leben könnten, dies aber aus verschiedenen Gründen nicht wollen. Meist sind dies reifere und gut verdienende Paare, die ihre Unabhängigkeit schätzen oder erneute Enttäuschungen vermeiden wollen. Dazu zählen auch jene Paare, die sich noch nicht gänzlich füreinander entschieden haben. Cees J. Straver hat den Begriff dann in die wissenschaftliche Diskussion eingeführt und gleichzeitig populär gemacht. Bei ihm sind dabei aber meist die Paare gemeint, die in getrennten Haushalten le-

[7] Vgl. „Pakt mit der Sehnsucht": Focus 17/2003, S. 143.

[8] Aufgrund der fehlenden Einheitlichkeit orientieren sich die nachstehenden Erklärungen an den Beschreibungen unter http://www.single-dasein.de[14.02.04].

ben. Die Bezeichnung wurde zunehmend als Überbegriff verwendet.[9]

- Dem wird die **„Long Distance Relationship"** gegenübergestellt. Diese Bezeichnung findet für jene Paare Verwendung, die aus beruflichen Gründen an verschiedenen Orten leben, aber gerne zusammenziehen würden bzw. auch anstreben, dies schnellstmöglich umzusetzen.

- **Liebe auf Distanz**
  In Deutschland wurde der Begriff „Liebe auf Distanz" von der Journalistin Dorothea Schmitz-Köster eingeführt. Dabei sind Paare gemeint, die in einer festen Partnerschaft leben, aber aus unterschiedlichen Gründen (privat wie beruflich) keinen gemeinsamen Alltag haben.[10]

- **Fernliebe**
  Der Begriff „Fernliebe" wird von Karin Freymeyer und Manfred Otzelberger[11] für Beziehungen verwendet, die mit der weiter gefassten Bezeichnung „Liebe auf Distanz" aufgezeigt wurden. Freymeier und Otzelberger sprechen bezogen auf das generelle Phänomen der Thematik meist von Fernbeziehung. Sie beschränken sich auf beruflich motivierte Fernbeziehungen, die häufig als Wochenendbeziehungen gelebt werden. Der Begriff der Fernliebe beschränkt sich nicht auf Verheiratete, sondern bezieht auch unverheiratete Paare mit ein. In Deutschland gewann diese berufsbedingte Form durch den bereits angesprochenen Regierungsumzug nach Berlin an Bedeutung.

- **Commuter-Ehe**
  Der Begriff wurde 1989 von Rüdiger Peuckert im Anschluss an amerikanische Forschungen in Deutschland

9 Vgl. ebd.
10 Vgl. Schmitz-Köster: Liebe auf Distanz.
11 Freymeyer / Otzelberger: In der Ferne so nah.

geprägt.[12] Er versteht darunter eine Ehe- bzw. Familienform, bei der die Ehepartner in zwei räumlich getrennten Haushalten leben, während sie gleichzeitig beabsichtigen, die Ehebeziehung aufrechtzuerhalten. Weil beide Partner stark an der Karriere ausgerichtet sind, aber am gleichen Ort keine berufliche Stellung finden, erfolgt die räumliche Trennung. Dabei bleiben traditionell räumlich getrennte Ehepaare wie Seefahrer oder Montagearbeiter unberücksichtigt. Von „verheirateten Singles" („married Singles") sprechen Kirschner und Walum.[13] Sie wollen die Ähnlichkeit der Lebensweise mit dem Single-Leben hervorheben. Die Erfassung dieser Personengruppen ist schwer, da sie, wenn ein Partner während der Arbeitswoche in einer Zweitwohnung lebt, dann als Einpersonenhaushalt („Single") betrachtet werden.

- **Spagatfamilie**
  Der Begriff der Spagatfamilie wurde vom deutschen Soziologen Ulrich Beck geprägt.[14] Er bezieht sich dabei auf die in den USA unter der Bezeichnung *„Commuter Marriage"* diskutierte Thematik. Er spitzt das Phänomen auf dessen Nachteile zu. Es sind damit sowohl kinderlose Doppelkarriere-Ehepaare gemeint als auch Ehepaare mit Kindern. Als Hauptnachteile werden die „räumliche Trennung" und die Gefahr, „dass die Ehe in die Brüche geht", aufgezeigt. Für Beck ist die Spagatfamilie „der erste Schritt zu Scheidung".

---

[12] Vgl. R. Peuckert: Die Commuter-Ehe als „alternativer" Lebensstil. Zur Ausbreitung einer neuen Form ehelichen und familialen „Zusammenlebens" in der individualisierten Gesellschaft. In: Zeitschrift für Bevölkerungswissenschaft, 15, 2, S. 175–187.

[13] B. F. Kirschner / L. R. Walum: Two-Location Families: Married Singles. In: Alternative Lifestyles, 1, 4, S. 514–525.

[14] U. Beck: Risikogesellschaft. Auf dem Weg in eine andere Moderne, Frankfurt a.M. 1986.

Weitere Unterscheidungen der Fern-Beziehungsformen[15]

... „etwas wissenschaftlicher": Für wen diese Unterschiede nicht wichtig sind, der könnte direkt auf S. 59 weiterlesen: „Wie Fern-Beziehung gelingt".

- **Partnerschaften ohne gemeinsamen Haushalt:** im Übergangsstadium in den ersten Phasen der Beziehungsentwicklung.
- **Shuttle-Beziehungen:** zeitweise getrennte Haushalte als Kompromiss zwischen Erfordernissen (strukturell) und Prioritäten (individuell).
- **Dual-career-shuttles:** getrennte Haushalte als Kompromiss zwischen Erfordernissen (strukturell) und Berufswünschen beider Partner.
- **Living-apart-together-Beziehungen:** die getrennte Haushaltsführung als Teil des gemeinsamen Beziehungsideals.

Berufsmobilität als Lebensform

Norbert F. Schneider hat mehrere Untersuchungen vorgelegt, in der besonders berufliche Mobilitätserfordernisse in Zeiten der Globalisierung in Bezug auf die Familie beleuchtet werden.[16] Dabei werden folgende mobile Lebensformen unterschieden:[17]

---

[15] N. F. Schneider / D. Rosenkranz / R. Limmer: Nichtkonventionelle Lebensformen. Entstehung Entwicklung Konsequenzen, Opladen 1998, S. 51–54. Die Autoren nehmen in diesen Untersuchungen eine Unterscheidung in vier Grundformen vor, die hier aufgeführt werden. Dabei werden Partnerschaften mit getrennten Haushalten unterschieden. Die biographische Platzierung, die geplante Bestandsdauer und der Entstehungszusammenhang tragen dabei zur Differenzierung bei.

[16] Vgl. z. B. N. F. Schneider / K. Hartmann / R. Limmer: Berufsmobilität und Lebensform – Sind berufliche Mobilitätserfordernisse in Zeiten der Globalisierung noch mit Familie vereinbar? Konzeption der Studie und ausgewählte Hauptergebnisse, Stuttgart 2001.

[17] Vgl. URL: http://www.single-dasein.de [14.02.04].

- **Fernpendler**
  Sie zeichnen sich durch lange Anfahrtswege aus, womit der gemeinsame Wohnort des Paares bzw. der Familie erhalten bleibt. Das Pendeln ist meist täglich erforderlich und beträgt je Fahrstrecke mindestens eine Stunde.

- **Umzugsmobile**
  Wegen beruflicher Mobilitätserfordernisse in den letzten fünf Jahren haben sie sich zu einer Verlagerung ihres gemeinsamen Haushalts entschieden. Sie haben mindestens einen Fernumzug hinter sich.

- **Wochenendpendler (Shuttles)**
  Die Paare realisieren einen Zweithaushalt am Arbeitsort des mobilen Partners. Dieser wird aber nur arbeitsbezogen genutzt. Am Wochenende oder in anderen Zeitphasen außerhalb der Arbeitszeit leben die Partner im gemeinsamen „Haupthaushalt".

- **Varimobile**
  Ein oder beide Partner sind an unterschiedlichen Orten beruflich tätig. In dieser Zeit werden dafür Hotels, Gemeinschaftsunterkünfte usw. genutzt. Dies gilt besonders für Berufsgruppen, bei denen ursprünglich schon bei der Wahl des Berufes die erwartete Mobilität mitgewählt wird (Soldaten, Piloten, Manager usw.).

- **Fernbeziehungen (vgl. Living Apart Together)**
  Jeder Partner hat einen eigenen Haushalt. Einen Haupthaushalt gibt es nicht.

Konkrete Beispiele von Fern-Beziehungen: Soldaten und Studenten

Für manchen wird es zunächst überraschend sein, dass für die konkreten Unterscheidungsmerkmale von Fern-Beziehungen, die exemplarisch herangezogen werden können, ausgerechnet

Soldatinnen bzw. Soldaten mit ihren Partnern gewählt wurden. Die (wissenschaftliche) Beschäftigung des Autors mit dem Thema Fern-Beziehung im Allgemeinen und der Vergleich mit anderen Beziehungen auf Distanz zeigte jedoch schnell, dass sich am Beispiel der Extremsituation von Soldaten neben den Entwicklungen von Gefühlen auch besonders deutlich Hoffnungen, Erwartungen, Befürchtungen und Ängste der Partner in der Fern-Beziehung allgemein aufzeigen lassen. Sowohl die Entwicklungschancen als auch die Belastungen und Herausforderungen sind für diesen Personenkreis (mit zunehmenden Auslandseinsätzen und Wochenendbeziehungen) in besonderer Weise signifikant, weil konzentriert und geballt, wenn auch unter ganz eigenen Voraussetzungen. Nun geht es aber hier nicht um einen Vergleich, sondern um eine Verdeutlichung der Situation sowie der verschiedenen Aspekte und Unterschiede der Beziehungen auf Distanz. Um die große Bandbreite von Fern-Beziehungen zu verdeutlichen, werden auch Fern-Beziehungen von Studenten knapp umrissen.

Soldaten gehören zu jener Berufsgruppe, bei denen ursprünglich bei der Wahl des Berufes der erwartete Mobilitätsanspruch mitgewählt wird (vgl. „Varimobile"). Studenten müssen zunächst eine räumliche Trennung vom Partner ebenso in Kauf nehmen, wenn sie sich für einen speziellen Studiengang oder eine Universität entscheiden, die so weit entfernt vom Wohnort ist, dass das Zusammensein des Paares nicht mehr täglich möglich ist.

In der Betrachtung der unterschiedlichen Formen von Fern-Beziehungen bei Soldaten sind zunächst grundsätzliche Unterscheidungen der Bedingungen vorzunehmen. Dabei ist vor allem zu unterscheiden zwischen dem *Trennungsgrund* (Qualität der Trennung) und den *Zeitbedingungen* der Trennung (Quantität der Trennung), also der Dauer (regelmäßige oder „überraschende" Trennung). Die Bezeichnung „*Überschaubarkeit*" steht nachfolgend dafür, dass die Qualität der Trennung selbst kaum neuartige und unvorhersehbare Entwicklungen nehmen wird, also im Wesentlichen einen festgelegten inhaltlichen und zeitlichen Rahmen hat. Trifft dieses zu, so ist es dem Paar möglich, die Herausforderungen „routinemäßig“, d. h. mit einem geringeren Aufwand an Änderungen bzw. Planungen in den partnerschaftlichen Alltag zu integrieren. Die Koppelung der beiden Dimensionen „Trennungsgrund“ und „Überschaubarkeit“ lässt grob zwei Typen von „Fern-Beziehungen“ bei Soldaten erkennen:

a) Zeitlich begrenzte und „überschaubare“ Fern-Beziehung
   Z. B. Lehrgänge, Abordnungen, Kommandierungen, Übungen usw.: Dabei handelt es sich meist um routinemäßig wiederkehrende Trennungen der Paare mit einer begrenzten psychischen Belastung für das Paar. Dieser Typ ähnelt den „Pendler-Beziehungen“ (auch wenn die Entfernung oft Wochen dauern kann).

b) Zeitlich begrenzte, aber „nicht mehr überschaubare“ Fern-Beziehung
   Z. B. Auslandseinsatz: Die psychische Belastung für das Paar ist dabei relativ hoch.

Die unter a) genannten Beziehungen lassen sich nochmals unterscheiden:

- Zeitlich begrenztes Pendeln wegen längerer Abordnungen, Lehrgänge, Übungen (vgl. z. B. Varimobile). Meist fahren die Soldaten am Wochenende heim. Die psychische Belastung ist dabei geringer als z. B. bei Auslandseinsätzen.

- Zeitlich nicht begrenztes Pendeln, z. B. wegen Versetzung, die der Partner nicht mit vollzieht (vgl. z. B. Umzugsmobile, Shuttles, Living Apart Together). Durch die langfristige Trennung ist die psychische Belastung der Paare oft besonders hoch, z. B. wegen des hohen Fahraufwandes und der Langfristigkeit der Trennung.

Bei einer Pendler-Beziehung ist auch die Mobilitätsanforderung zu berücksichtigen: Wird täglich gependelt oder seltener?

> Handelt es sich um eine „echte" Fern-Beziehung, da sich die Partner nicht täglich sehen (z. B. Wochenendpendler, Shuttles)?
> Wird täglich eine längere Strecke zur Arbeit bewältigt, um einen Umzug abwenden zu können (z. B. Fernpendler)? Damit ist die Belastung des Paares durch die seltene Trennung geringer, die Belastung durch das häufigere Fahren jedoch höher.

Bei Studenten wirken sich als zusätzliche Belastungen vor allem die Anspannungen und emotionalen Belastungen (Stressoren) in Prüfungszeiten sowie die damit zusammenhängenden langen Lern- und Vorbereitungszeiten auf die Partnerschaft aus.

Einerseits ist die örtliche Trennung an sich bereits eine zu bewältigende Herausforderung. Dass der Partner weder im Alltag noch in belastenden Zeiten „verfügbar" bzw. ohne weiteres persönlich erreichbar ist und somit auch nicht direkt unterstützen kann, ist eine wesentliche Herausforderung dieser Partnerschaftsform – mit den entsprechenden positiven Chancen und negativen Gefahren für die Beziehung. Hinzu kommen jedoch noch weitere große Belastungen für die Partner, die hauptsächlich mit der Veränderung ihrer Gefühlswelt in Zusammenhang stehen.

4 Wie Fern-Beziehung gelingt: Bewältigungs-Hilfen

Die beste Strategie für Paare, sich auf die Fern-Beziehung vorzubereiten, ist es, immer wieder zu bedenken, was belasten wird, worin die Chancen liegen und was jeder für sich und vom Partner erhofft, erwartet, aber auch befürchtet.

Einerseits ist es für das Paar wichtig, sich gemeinsam auf das Bevorstehende vorzubereiten. Zugleich aber benötigt jeder für sich selbst eine Strategie, d. h. jeder Partner muss für sich bedenken, was die Konsequenzen der Trennungszeit sein werden – und wie er sie am besten bestehen kann. Nur dann kann auch das Gemeinsame gelingen. Fern-Beziehungen erfordern Rücksicht und Toleranz. Darüber hinaus aber vor allem Offenheit für Veränderung, Bereitschaft, die gemeinsame Kommunikation zu entwickeln und die Motivation, gemeinsam Probleme zu lösen.

4.1 Tipps zur Erhaltung der Liebe in der Fern-Beziehung [1]

Bei allen Vor- und Nachteilen des zeitweilig getrennten Lebens gilt es einige Spielregeln zu beachten, die die Partnerschaft lebendig halten. Partnerschaft ist kein immerwährendes Verliebt-*Sein* und Verliebt-*Bleiben*. Es gilt an ihr zu arbeiten, sie zu pflegen und sie immer neu zu beleben. Für Zeiten des „Entfernt-Seins" zählt das noch mehr als sonst.

[1] Als Raster für die Orientierungen vgl. G. Bodenmann: Beziehungskrisen erkennen, verstehen und bewältigen, Bern/Göttingen/Toronto 2002, S. 128–158.

Immer wieder neu zu beginnen, den Partner, mich und somit auch UNS als Paar zu entdecken, sind zeitlose Grundlagen für jede gelingende Fern-Beziehung. Für die Partnerschaft auf Distanz gilt darum ein altes Sinnwort ganz besonders:

„Fange nie an aufzuhören! Höre nie auf anzufangen!"

- Die Partnerschaft sollte mindestens den gleichen Stellenwert wie die anderen wichtigen Bereiche des Lebens haben (Hobby, Beruf/Karriere, Kinder ...). Dies gilt v. a. für den Aspekt der „gemeinsam verbrachten Zeit". Sich bewusst immer wieder Zeit nehmen füreinander und miteinander ist eine wesentliche Voraussetzung, dass auch die getrennten Zeiten und das jeweilige neue Zusammenkommen gelingen können.
- In jeder Hinsicht gilt es in die gemeinsame Beziehung zu investieren (zeitlich, sozial, sinnlich, körperlich, wirtschaftlich), damit ein gemeinsamer „Schatz" erwachsen kann, der auch in schwierigen Zeiten das gemeinsam Erlebte und Bestandene für das Paar deutlich werden lässt.
- Gemeinsame, vertraute Rituale gilt es zu pflegen und zu erhalten. Sie stärken das Gefühl, ein gemeinsames Team zu sein. So kann das Wir-Gefühl das Paar bestärken. Wiederkehrende feste Rituale können sehr schlicht sein, wie z. B. eine halbe Stunde gemeinsames Kaffeetrinken am Morgen des gemeinsamen Wochenendes, wobei regelmäßig als Rückblick und Ausblick die getrennten Zeiten besprochen („ausgetauscht") werden. Rituale können aber auch die wesentlichen Abläufe des Lebens sein (z. B. Jahrestage wie Geburtstage oder Hochzeitstag). Feste Abläufe für Wichtiges und Kleinigkeiten stärken die Zusammengehörigkeit und geben so Halt für Zeiten, in denen Probleme auftreten.

- Es gilt also immer wieder neu zu entdecken, was sich die Partnerin/der Partner von der Beziehung erwartet und erhofft, was sie/er befürchtet bzw. welche Ängste sie/er hat. Wichtigste Grundlage dafür ist das „normale“ Gespräch. Jedes andere Mittel des gemeinsamen Austausches ist jedoch auch bestens geeignet, besonders wenn es Abwechslung in die gewohnten Abläufe bringt. Daraus entsteht die Chance, das gegenseitige Sich-Austauschen zu bereichern. Auch wenn es für manchen zunächst befremdlich sein mag: Gute Chancen sind z. B. das Briefeschreiben, gemeinsam bearbeitete oder entwickelte Fragebögen (s. Kapitel 6.2), Schreibgespräche, Bilder deuten usw. Bei vielen Paaren hat es sich bewährt, sich zu festen Zeiten (z. B. sonntagabends oder einmal im Monat zu einem festen Zeitpunkt) darüber auszutauschen „was ansteht“, was ich für die bevorstehende Zeit befürchte, worauf ich mich freue – und vor allem, was sich die Partner voneinander erhoffen. Diese Aspekte auszusprechen ist ein wesentliches Fundament für die gelingende (Fern-)Beziehung. Denn oft ist das Paar der Meinung, diese wichtigen Überlegungen ohnehin bereits mitgeteilt und ausgetauscht zu haben. Genau dies ist aber meist nicht wirklich der Fall, so dass das ausdrückliche „Sich-Aussprechen“ Missverständnisse und Oberflächlichkeit verhindert.

- Erinnern sie sich an gelungene, schöne und wohltuende gemeinsame Zeiten und gemeisterte schwierige Zeiten. Dabei geht es nicht darum, „Altem“ nachzuhängen. Vielmehr soll das Gemeinsame betont werden und daraus die Kraft für Weiteres ermöglicht werden. Nichts stärkt eine Beziehung so sehr wie gemeinsam bewältigte „schwierige Zeiten“.

- Es ist wichtig, ab und an in der Partnerschaft zu überraschen. Abwechslung in den Ablauf der Partnerschaft zu bringen ist immer wieder eine Wohltat – auch in der Fern-Beziehung. Denn auch im Rhythmus von Trennung und Gemeinsamem gibt es Gewohnheiten, die belebt werden sollten. Den langweilenden Gewohnheiten und Abläufen in der Beziehung kann entgegengewirkt werden, indem das Paar immer wieder für Überraschungen und Veränderungen sorgt (körperlich, geistig, sozial usw.). Das kann heißen, dem Partner bzw. der Partnerin neue Vorschläge für Tagesabläufe, Reisen, Planungen, Hobby oder auch Essensrituale zu machen. Das kann sich auch auf das eigene Aussehen und das des Partners beziehen. Dies bezieht sich auch auf die anderen wesentlichen Säulen der Beziehung. Vor allem Kommunikation und Sexualität können in Ablauf, Form (Art und Weise) und Ort verändert werden. Der Phantasie sind zur Belebung der tragenden Säulen kaum Grenzen gesetzt. Wie wäre es z. B. mit einem regelmäßigem Spaziergang am Morgen oder am Abend in den gemeinsamen Zeit-Inseln, bei dem die Erlebnisse, Gedanken und Gefühle des Tages oder für die Woche mitgeteilt werden? Gleiches gilt für die gegenseitige Geborgenheit und die Liebe, die auf unterschiedliche Weise mitgeteilt und ausgetauscht werden können. Diese kleinen Veränderungen sind nicht das Wesentliche der Beziehung, aber sie lassen das wirklich Wesentliche leichter und wieder öfter erkennbar werden und tragen so bedeutend zur gelingenden Partnerschaft bei.

- Wesentlich für die Fern-Beziehung ist es, den Partner/die Partnerin nicht zu schonen bzw. zu verschonen vor Belastendem und Alltäglichem. Eine große Gefahr liegt darin, vermeintliche Alltäglichkeiten und Negatives aus der knappen gemeinsamen Zeit heraushalten zu wollen. Diese Gedanken und Erlebnisse zu teilen, ist die Grundlage für das gemeinsame Wachsen-Können und Wir-Werden. Dies sind die Elemente, die den ganz normalen Alltag beleben – und neue schwierige Zeiten leichter bewältigen lassen.

- Es gilt sich immer wieder neu in die Rolle des Partners zu versetzen, um erahnen zu können, was in ihm/ihr vorgeht und wie der Partner die gegenwärtige Situation erlebt.
- Wesentliche Grundlage für das Gelingen jeder Beziehung, besonders aber auch der Fern-Beziehung, ist es, im wichtigen Lebens-Dreieck zwischen der Liebe zum Partner (und deren Pflege), der Selbstpflege und dem immer neuen Austausch von Lebenszielen (gemeinsamer Sinn des Lebens) das richtige Lot zu finden. Damit ist die Ausgeglichenheit zwischen mir, meinem Partner und den Fragen nach Sinn und Halt im Leben gemeint.[2]
- Die Liebe zum Nächsten und eben besonders zum Partner ist zentral für eine gelingende Partnerschaft. Dabei darf die Liebe keinesfalls mit der Phase des schlichten Verliebt-Seins verwechselt werden. Echte Liebe kann nur als lebenslanger Prozess lebendig bleiben. Mit am besten wird das deutlich in den Auslegungen von Erich Fromms „Die Kunst des Liebens“. Er zeigt darin, dass das Lieben eine Kunst ist, die es zu erlernen und zu erringen gilt. Diese Kunst hat, wie wohl jede echte Kunst, mit harter Arbeit zu tun. Liebe zwischen Menschen, aber auch die Liebe zu Gott, kann immer wieder neu erarbeitet werden – auch wenn sie letztlich immer reines Geschenk bleiben wird. Sie kann auch nicht ein für allemal erworben werden wie eine Fähigkeit. Immer neu gilt es, diese Aufgabe anzugehen und lebendig werden zu lassen.

[2] Die Bibel beschreibt, wie wesentlich die Ausgewogenheit dieser Lebensbereiche für den Lebensentwurf ist. Das Hauptgebot der Liebe (Mt 22,36–39) formuliert dieses „Dreieck“, das den Rahmen für ein gelingendes Leben bietet. Dort wird davon gesprochen, dass der Mensch seinen Gott mit ganzer Kraft lieben soll – und seinen Nächsten wie sich selbst. Mit der Gottesliebe sind ebenso die Fragen nach dem Sinn des Lebens angesprochen, mit allem was dafür wesentlich ist (Liebe, Tod, Leben nach dem Tod, Gesundheit und Krankheit und vieles mehr). Diesen Dimensionen gilt es im Leben genügend Raum zu geben, damit Leben und damit auch Beziehung gelingen kann.

Besonders die Fern-Beziehung bietet eine Chance, tragende Bereiche immer wieder neu zu bedenken und auszurichten. So wird die Belastung des Getrennt-Seins zum möglichen Freiraum, immer neu zu erkennen, was in meinem Leben wichtig, tragend und wesentlich ist oder sein müsste. In der Fern-Beziehung kann klar werden, was wirklich zählt für das gemeinsame Leben.

- Die dritte wichtige Dimension für eine gesunde Basis der Beziehung ist die Selbstliebe bzw. Selbstpflege. Wer immer nur gibt, ohne auch selbst zu empfangen, ist bald leer und kann sehr bald selbst nicht mehr geben. Es gilt auch hier ein gesundes Maß zu erarbeiten, d. h. bei sich selbst darauf zu achten, immer wieder ins Lot zu kommen. Es ist wichtig, eine Ausgewogenheit zwischen Seele, Leib und Geist zu erreichen – und immer wieder neu anzustreben. Die Selbstliebe kann erlernt und gepflegt werden. Nur wer sich selbst liebt, kann auch den anderen lieben. Es gilt daher nicht nur den Partner zu verwöhnen, sondern auch sich selbst (seelisch, geistig, kulturell, kreativ, körperlich, sozial ...). Ausführlich wird im nachfolgenden Kapitel dazu eine Übersicht angeboten (Kapitel 4.2).

- Beide Partner müssen sich in die Partnerschaft einbringen. So kann ein Gleichgewicht entstehen, das auch Phasen bestehen hilft, in denen sich ein Partner einmal weniger in die Beziehung einbringen kann.

- Professionelle Unterstützung oder Beratung anzunehmen, lange bevor die Beziehung zu scheitern droht, ist keine Schande, sondern klug. Es gibt Zeiten und Probleme, in denen ein außenstehender Mensch neue Wege und Möglichkeiten aufzeigen kann, die das Paar alleine nicht finden oder sehen würde. Hervorragende, weiterführende Programme für Paare werden im Kapitel 8 vorgestellt.

4.2 „Mir selbst gut tun": Orientierungen *für mich* in der Fern-Beziehung

Nur wer mit sich selbst im Lot ist, kann auch in der Partnerschaft auf Dauer im Gleichgewicht sein. Nur wer auf sich selbst achtet, sich immer wieder bewusst selbst pflegt, kann auch in die Partnerschaft investieren und gemeinsam wachsen. Nur wer sich auch selbst im gesunden Maß etwas gönnt, sich selbst in einem guten Sinne verwöhnt, wird auch geben können. G. Bodenmann nennt nachstehende wesentliche Bereiche für Aktivitäten, in denen ich mir gut tun kann, die der Selbstpflege zugute kommen.[3] In diesen Bereichen kann ich meinen Körper, meinen Geist und meine Seele pflegen – sowohl in den getrennten Zeiten als auch mit dem Partner zusammen. Für die emotional besonders belastenden Zeiten wäre sogar ein Plan denkbar (z. B. ein Merkzettel, der zur Erinnerung am Kühlschrank kleben könnte: vgl. dazu auch Fragebogen 4 in Kapitel 6.2). Besonders in der Fern-Beziehung ist es wichtig, dass die Dimensionen des „Ich-Selbst", des „Wir" und des „haltenden Rahmens der Beziehung" sowie die Frage nach dem (gemeinsamen) Lebens-Sinn in einem ausgewogenen Verhältnis stehen – oder doch immer wieder ins Gleichgewicht kommen. Daher ist die Selbstpflege, das „Schauen auf sich selbst", wesentlich für die gemeinsame Partnerschaft – ohne dass dies ein falscher Egoismus wäre.[4] Es gilt bewusst zu genießen und wahrzunehmen, denn „wer nicht genießt, wird bald selbst ungenießbar", so lautet ein Sinnspruch.

---

[3] G. Bodenmann: Stress und Partnerschaft. Gemeinsam den Alltag bewältigen, Bern/Göttingen/Toronto/Seattle ^{2}2001, S. 76 f.

[4] Vgl. ebd.

Wichtig ist, dass die Aktivitäten wirklich gut tun. Sie sollten daher unbedingt:

- ohne Leistungsdruck durchgeführt werden (also ohne Konkurrenz)
- ohne Zeitdruck durchgeführt werden
- wirklich Spaß machen und nicht gemacht werden, weil andere das so machen
- geplant und regelmäßig, zu festen Zeiten durchgeführt werden
- niemals in Freizeitstress ausarten

Wesentliche Bereiche, in denen ich bewusst Aktivitäten wie „Ausruhen" und „Auftanken" planen kann, sind beispielsweise:

- **Kultur und Bildung betreffend**
  Konzerte, Museen, Ausstellungen, Reisen, Lesen, Hörspiele, Fortbildungen ...
- **Kreativität betreffend**
  schreiben, dichten, Musik machen, malen, modellieren ...
- **Meditation und Religiosität betreffend**
  Gebet, Meditation, Liturgie, Kirchenbesuche, Gemeindeaktivitäten, spirituelle Aktivitäten ...
- **Körperliches betreffend**
  Sport und Bewegung (Spaziergänge, Schwimmen, Gymnastik), Wellness, Yoga ...
- **Passives Genießen betreffend**
  Kino, bewusstes Fernsehen (ausgewählte Filme usw.), Radio bzw. Musik hören, Entspannungen aller Art, Massagen, Entspannungsbäder, Sauna, Mittagsschlaf ...
- **Soziales betreffend**
  Freunde treffen und ***eigene*** Freundschaften pflegen, Diskussionen, gesellige Anlässe, soziales Engagement (Ehrenamt) ...

- **Kulinarisches betreffend**
  gutes Essen, gute Getränke, Restaurantbesuche ...
- **Eigenes Aussehen betreffend**
  Kosmetik, Solarium, Friseur, Kleidereinkäufe ...

4.3 Regeln für die Fern-Beziehung

10 Fern-Beziehungs-Gebote „kompakt" für die Erhaltung der Liebe ...
... am besten, um sie gut sichtbar an den Kühlschrank zu kleben.

1. Überwinden Sie Ihren inneren Schweinehund und sprechen Sie mit Ihrem Partner über das, was in Ihnen vorgeht! Nur so kann er wissen, was los ist – und das ist wesentlich dafür, dass beide eine erfüllte Beziehung erleben.
2. Versichern Sie Ihrem Partner Ihrer Zuneigung und Liebe. Zeigen und sagen Sie dem Partner, was Sie für ihn empfinden. Denken Sie nicht „das ist doch klar".
3. Geben Sie Ihrer Partnerschaft mindestens den selben Stellenwert wie anderen wichtigen Bereichen in Ihrem Leben (Beruf, Hobby, Freunde ...).
4. Erneuern Sie Ihr Wissen über die Erwartungen des Partners an die Partnerschaft und das Leben (Hoffnungen/Erwartungen aber auch Ängste/Befürchtungen).
5. Investieren Sie in Ihre Partnerschaft. Unterstützen und motivieren sie Ihren Partner. Stimulieren Sie bewusst Schönes in Ihrer Partnerschaft.
6. Überraschen Sie ihren Partner. Schaffen Sie Abwechslung (materiell, sozial, körperlich/sexuell, bei Gesprächen, spirituell, im Umgang miteinander). Beide tragen Verantwortung dafür, dass keine lähmende Monotonie eintritt.

7. Pflegen und erneuern Sie gemeinsame Rituale und Erinnerungen (Jahrestage, besondere Ereignisse, durchstandene Krisen …).

8. „Ringen“ Sie um die Beziehung. Der Reichtum einer Partnerschaft kann sich nur dauerhaft entfalten. Dazu gilt es, schwierige und langweiligere Zeiten auszuhalten und das Spannende am anderen immer neu zu entdecken aber auch neu zu „entfachen“.

9. Nehmen Sie auch professionelle Hilfe in Anspruch: Sich helfen zu lassen ist kein Zeichen von Unfähigkeit, sondern von Klugheit.

10. Das goldene Dreieck in der gelingenden Beziehung:

- Achten Sie auf sich selbst: Nur wer sich auch selbst gut tut, kann „ein Teil“ der gelingende Beziehung sein („Mir selbst gut tun“).
- Versetzen Sie sich in die Lage des Partners („wie sieht und erlebt sie/er die Lage derzeit“) – und pflegen sie die Partnerschaft („Partner-Pflege“ und „Wir-Pflege“).
- Sprechen Sie Lebens-Ziele und Sehnsüchte ab und passen Sie diese einander an. Aus gemeinsamen und mitgetragenen Zielen kann gemeinsamer Lebenssinn klar werden und die Beziehung auch entfernt weiter zusammenwachsen.

Regeln für die Wochenendbeziehung (nach G. Bodenmann)[5]

1. Definieren Sie sich als Paar und erhalten Sie das Wir-Gefühl.
2. Vereinbaren Sie regelmäßige Treffen und lassen Sie diese nicht ausfallen.

[5] Pakt mit der Sehnsucht. S. 150.

3. Verabschieden Sie sich möglichst nicht voneinander, ohne zu wissen, wann Sie sich wiedersehen werden.
4. Sie vermeiden Enttäuschungen, wenn Sie das gemeinsame Wochenende nicht mit überhöhten Erwartungen überfrachten.
5. Belasten Sie die gemeinsame Zeit nicht mit zu vielen Verpflichtungen wie einkaufen, putzen oder Besuchen bei Verwandten.
6. Kommunizieren Sie auch während der Woche regelmäßig miteinander und lassen Sie den Partner an Ihrem Alltag teilhaben.
7. Schaffen Sie Rituale. Diese verstärken das Gefühl der Gemeinsamkeit.
8. Sprechen Sie Konflikte an und lösen Sie diese schnell, auch wenn es die Harmonie der raren gemeinsamen Zeit stört.
9. Lernen Sie Auseinandersetzungen auch am Telefon zu lösen, so dass Sie das gemeinsame Wochenende ohne Ärger beginnen können.
10. Lassen Sie die letzten gemeinsamen Stunden nicht nur von Traurigkeit beherrschen, falls Ihnen der Abschied schwer fällt. Vermeiden Sie schmerzhafte und lange Abschiedsszenen.

Ergänzende Empfehlungen für die Wochenendbeziehung (nach A. Berger)[6]

Auch wenn einige der folgenden Punkte bereits angesprochen wurden, so sollen sie hier dennoch noch einmal knapp aufgezeigt werden, da sie wichtige ergänzende Grundlagen andeuten.

Stress reduzieren

Eine Fern-Beziehung ist für beide anstrengend – also schauen Sie nicht nur auf die eigenen Belastungen. Je besser Sie sich gegenseitig dabei unterstützen, Stress abzubauen, desto stabiler ist Ihre Beziehung. Um zusätzlichen Druck zu vermeiden, sollten Sie die gemeinsamen Wochenenden nicht mit Pflichtterminen überfrachten.

Termine einhalten

Verabredete Treffen sind verbindlich. Lässt man sie öfter ohne triftigen Grund ausfallen, wird die Beziehung zur Nebensache.

Im Gespräch bleiben

Stellen Sie dem Partner Fragen und erzählen Sie viel über sich selbst, sonst wird man sich fremd.

Zuneigung zeigen

Vergessen Sie nicht Ihre Zuneigung dem Partner immer wieder mit liebevollen Worten und Gesten zu beweisen. In der Ferne fühlt man sich schnell einsam und vernachlässigt. Gemeinsame Rituale stärken das Wir-Gefühl und schenken Sicherheit.

Erwartungen bremsen

Stellen Sie nicht zu hohe Erwartungen an die gemeinsame Zeit, sonst entgehen Ihnen viele schöne Momente.

---

[6] Vgl. A. Berger: Liebe aus dem Koffer. Lust und Frust in der Wochenendbeziehung, Stuttgart 2003.

Konstruktiv streiten

Beim Streiten geht es nicht darum, wer Schuld oder wer Recht hat. Bleibt jeder stur bei seinem Standpunkt, gehen am Ende zwei Verlierer vom Platz. Gehen Sie daher lieber auf Kompromisssuche und streben Sie eine Lösung an, die Sie beide zufrieden stellt.

Probleme lösen

Jede Stunde zählt. Trotzdem sollten Sie Konflikte nicht unter den Teppich kehren. Was nicht erledigt wird, arbeitet im Stillen weiter und wächst zum echten Problem heran.

Gutes erkennen

Auch wenn Sie in einsamen Stunden Wut und Zweifel packen: Unterstellen Sie Ihrem Partner immer Gutes und erkennen Sie an, was er alles für Sie tut. Sagen Sie ruhig öfter mal „Danke"!

Aktiv werden

Sitzen Sie nicht alleine zu Hause und blasen Sie Trübsal, sondern unternehmen Sie etwas gegen den Solo-Blues. Auch der Beziehung tut es gut, wenn Sie ein ausgefülltes Leben haben, obwohl der andere nicht da ist. Pflegen Sie alte und eigene Freundschaften und Interessen und seien Sie offen für Neues.

Zueinander stehen

Stress, Streit und allen Fern-Beziehungs-Problemen zum Trotz: Verlieren Sie niemals den Glauben an die Beziehung – und dass sie immer neu wachsen kann.

Große Fehler in der Fern-Beziehung

15 große Sünden in der Fern-Beziehung (nach C. Koller[7]). Sie sind für jede Partnerschaft fatal, für die Beziehung auf Distanz jedoch ganz besonders:

---

[7] C. Koller: Liebe auf Distanz. Fernbeziehungen – und wie man sie meistert, Frankfurt a. M. 2004.

1. Den Partner belügen (Unehrlichkeit, täuschen, taktieren)
2. Gelegentliches oder regelmäßiges Fremdgehen
3. Nachspionieren, kontrollieren, oft misstrauen
4. (Übertriebene) Eifersucht, klammern, einengen
5. Unklare Absprachen
6. Zu hohe Erwartungshaltung
7. Die gemeinsame Zeit mit Aktivitäten, Freunden, Events usw. überladen, so dass kein Platz mehr für „Treiben-lassen-können“, Leerlauf, und Mußestunden ist
8. Dem Partner Angst einjagen, ihn unter Druck setzen oder sich im Streit trennen
9. Freunde und Familie vernachlässigen
10. Feste Anrufzeiten oder Treffen nicht einhalten und sich aus Trotz nicht melden
11. Mangelnde Gesprächsbereitschaft (Offenheit) und dem Partner nichts von den eigenen Erwartungen und Befürchtungen sagen
12. Den Partner am eigenen Leben nicht teilhaben lassen
13. Zu wenig Flexibilität, fehlende Bereitschaft, etwas an der Partnerschaft zu ändern
14. Intoleranz und fehlende Rücksichtnahme bzw. dem Partner schöne Stunden, die er ohne einen erlebt, madig machen
15. Endlos lange und quälende Abschieds-Zeremonien und nach der gemeinsamen Paarzeit hemmungslos in Selbstmitleid zerfließen

5 Frage-Antwort-Katalog als Zusammenfassung für Partner in Fern-Beziehung

5.1 Phase I – Vor der Abreise

Wie soll ich mit den eigenen Gefühlen umgehen?

- Wichtig ist es, eigene Gefühle zuzulassen, ohne den Partner aus Rücksichtnahme davor verschonen zu wollen. Hilfreich ist es, sich noch deutlich vor den Abreise-Spannungen und der großen Traurigkeit mit dem Partner eine möglichst ruhige Aus-Zeit zu nehmen, in der beide ihre Gefühle, Ängste und Gedanken mitteilen können. Je näher die Abreise rückt, desto schwieriger wird das werden.

Wie sollten Formalitäten geregelt werden?

- Um die Überlastung eines einzelnen Partners zu vermeiden, sollten beide Partner (bzw. die ganze Familie) durch eine abgesprochene und gemeinsam geplante Aufgabenverteilung in die Vorbereitungen für die getrennte Zeit einbezogen werden.

Wie kann ich Partnerschaftsproblemen begegnen, die hauptsächlich aus der Spannung der bevorstehenden Trennung resultieren?

- Es sollte die Einsicht entstehen, dass es sich um eine vorübergehende Trennung handelt, die durch das Wiedersehen zu Ende geht. In dieser Phase schleicht sich unbewusst oft das extrem belastende Gefühl ein, als würde man auf eine vermeintlich endgültige „Trennung“ durch die Fern-Beziehung zugehen. Das Paar muss sich klarmachen und versichern:

Wir sind auch räumlich getrennt ein gemeinsames Team!
Wir gehören gerade auch entfernt eng zusammen!

- Wichtig ist es, den Partner immer wieder und auf verschiedene Weise der eigenen Zuneigung zu versichern. Diese belastende Zeit scheint bei den Partnern oft den Eindruck aufkommen zu lassen, dass der Partner derzeit kaum Gefühle für mich hat und zeigt. Dabei ist diese Phase meist einfach eine derart große Belastung für jeden einzelnen, so dass jeder für sich genug zu ringen hat – was keinesfalls bedeutet, dass die Gefühle gar nicht vorhanden sind.
- Gemeinsam mit dem Partner gilt es, realistische Ziele für die Trennungsphase abzusprechen, um Missverständnisse aufgrund unterschiedlicher Vorstellungen zu verhindern.

Wie gestaltet sich die Zeit unmittelbar vor der Trennung?

- Die Partner bemühen sich zwar, die Zeit harmonisch zu verbringen, dennoch herrschen oft Traurigkeit, Angst, Beklemmung und Anspannung zwischen den Partnern vor. Wie könnte diese Zeit der unmittelbaren Abreiseplanungen auch rein harmonisch gestaltet werden, wo es doch so viel zu planen gilt und das Bevorstehende meist auch Unsicherheit bei den Partnern weckt? Das Paar muss also wissen, dass die Spannungen in dieser Zeit normal sind.
- Extreme Gefühlsschwankungen (z. B. Verwirrung, Zorn, körperliche/sexuelle Distanzierung oder auch extremes Anlehnungsbedürfnis) sind normale Reaktionen und sollten auch eingestanden werden. Wenn die Partner in dieser Zeit oft weniger oder besonders häufig zärtlich bzw. intim miteinander sind, ist dies ein normaler Vor-

gang. Wichtig ist es, die eigenen Gefühle ehrlich mitzuteilen – und offen dafür zu sein, dass der Partner besonders in dieser Zeit verändert sein könnte.

- Durch die gedankliche Vorwegnahme der Trennungszeit distanziert man sich oft vom Partner. Auch dies ist eine normale Reaktion, denn jeder für sich bereitet sich möglichst gedanklich auf die Trennung vor, um nicht von ihr „überrollt“ zu werden.

Wie kann die gedankliche Auseinandersetzung mit der Trennung vor sich gehen?

- Das Paar sollte motiviert sein, sich die bevorstehende, getrennte Zeit (jeder für sich und auch gemeinsam) „vorzustellen“.
- Dabei ist es wichtig, sich konkrete Befürchtungen und Ängste, aber auch Chancen und Erwartungen gegenseitig mitzuteilen. Vor allem auch Kleinigkeiten und Alltäglichkeiten sind dabei wichtig, da sich aus ihnen oft die Gesamteinschätzung der Situation ergibt – und die Partner sich so besser in die Situation des anderen versetzen können.

Wie kann gemeinsam eine Strategie für die Fern-Beziehung entwickelt werden?

- Aus der gedanklichen Auseinandersetzung können gemeinsame Strategien entwickelt werden, wie die Zeit der Trennung bewältigt werden kann. Es kann deutlich werden, worauf es ganz besonders ankommt (Was wird für uns/mich/dich eher kein Problem werden? Was könnte demnach ein Problem werden?).

Mögliche Beispiele, die besprochen werden sollten, sind:

- Wie gehe ich eventuell mit extremer Einsamkeit, Sehnsucht, Eifersucht und besonderen Belastungen bzw. Freuden um?
- Wann, wie und wo kann ich mir bei Angehörigen bzw. bei Freunden Hilfe und Unterstützung holen?
- Bei welchen Menschen in meinem sozialen Umfeld kann ich bereits von vornherein „Hilfe in besonderen Situationen" erwarten?
- Welche Menschen in meinem sozialen Umfeld werden absehbar zu Schwierigkeiten beitragen?
- Welche Konsequenzen können wir als Paar daraus ziehen?
- Wie kann ich während der Trennungszeit meine Ängste, Sorgen, Gefühle und Überlegungen meinem Partner mitteilen?

Sollen wir Kommunikationsformen, -häufigkeit und -zeitpunkt absprechen?

- Grundsätzlich müssen Kommunikationsformen und -häufigkeit für die Zeit der Trennung abgesprochen werden, um spätere Enttäuschungen aufgrund unterschiedlicher Vorstellungen zu vermeiden. Dabei sollte auch geklärt werden:
- Wie drücke ich meine Gefühle aus? Wie teile ich meine Gefühle mit? (Telefon/Handy, Briefe, E-Mail, SMS ...). Was erwartet und erhofft der Partner diesbezüglich?
- Nicht immer ist das Telefonieren eine gute Lösung. Manchmal kann weniger Kontakt am Telefon und mehr Kontakt per Brief besser sein. Wertvoll am Telefonieren ist die Möglichkeit der Aktualität bzw. die Stimme hören zu können. Bisweilen ist das Telefon, besonders bei längeren Fern-Be-

ziehungen, jedoch das Medium für Missverständnisse („Was ist mit dir? Wie meinst du das? Ich höre es doch an deiner Stimme, dass etwas nicht stimmt."). Das Paar muss deshalb langfristig für sich selbst herausfinden, welche Formen bereichern, entlasten oder eher belasten.

- Individuelle Möglichkeiten bzw. Grenzen sollten angesprochen werden.
- Da es sich um eine außergewöhnliche Phase handelt, müssen Grenzen ausgelotet und Hemmschwellen sowie gewohnte Formen überschritten werden.

Deshalb sollten neben den gewohnten Möglichkeiten sich auszutauschen auch neue Ausdrucksformen bedacht und versucht werden, die zunächst befremdlich klingen könnten. Aber außergewöhnliche Zeiten erfordern außergewöhnliche Maßnahmen: Kassetten besprechen, Foto-Serien schicken, Malen, Zeichnen, Schreiben, Dichten usw. Solche Möglichkeiten zu wagen, kann den Zugang zueinander erleichtern und oft ganz neue Seiten aneinander aufzeigen.

Sollen Alltäglichkeiten während des Entferntseins mitgeteilt werden?

- Beide Partner sollten sich vorab informieren, wie der getrennte Alltag aussieht. Auch belastende Ereignisse sollten mitgeteilt werden. Den Partner von vermeintlich Banalem oder auch Belastendem zu verschonen ist langfristig fast immer falsch. Nichts ist zu unwesentlich oder zu belastend. Darin liegt eine besondere Chance, denn eine wesentliche Schwierigkeit der Fern-Beziehung ist es ja, dass das Paar wenig gemeinsamen Alltag erlebt.
- Oft versuchen die Partner Alltäglichkeiten aus der kostbaren gemeinsamen Zeit herauszuhalten. Das ist meist der falsche Weg, denn auch das getrennte Paar hat einen gemeinsamen Alltag. Nur findet dieser nicht am selben

Ort statt. Also gilt es auch den Alltag, den jeder Partner allein erlebt, möglichst intensiv zu teilen.

- Werden Alltäglichkeiten konsequent auch über die Entfernung mitgeteilt, erleichtert dies die spätere Wieder-Annäherung. Dadurch, dass der Partner eine bessere Vorstellung vom Alltag und den Erlebnissen des Partners hat, wird das Wiedersehen und die Wiedergewöhnung erleichtert.
- Den Partner durch Verschweigen zu schonen, ist nur im extremen Ausnahmefall sinnvoll. Meist kommen die Tatsachen später ohnehin ans Licht und führen dann zu stärkeren Konflikten.

Wie teile ich dem Partner die Ergebnisse meiner Überlegungen mit?

- Betroffene Paare erleben das Tagebuch- bzw. Briefschreiben als außerordentlich hilfreich zur Klärung der eigenen Gefühle, der eigenen Position und als Hilfe zum gegenseitigen Austausch.
- Schriftlich festgehaltene Überlegungen sind immer wieder als Orientierung nützlich. Sie können immer wieder hervorgeholt werden. So berichten viele Paare davon, dass sie ihre Aufzeichnungen auch später intensiv nutzen konnten, um mit dem Partner die getrennte Zeit aufzuarbeiten.

Die beiliegenden Fragebögen (Kapitel 6.2.) bieten eine einfache „erste" Möglichkeit, sich (spielerisch) über wesentliche Aspekte, Gedanken und Gefühle auszutauschen. Die Fragebogen sollten mehrmals durchgearbeitet werden (z. B. systematisch vor und nach der Trennung).

Schreiben heißt sich selber lesen (Max Frisch)

Welche Einsichten sind wichtig?

- Sowohl jeder für sich als auch das Paar zusammen muss sich bewusst werden, dass Stimmungsschwankungen (z. B. Gereiztheit, extremes Anlehnungs- oder Distanzbedürfnis) die Beziehung belasten können. Es ist deshalb wichtig, individuell zu klären:
- Inwieweit kann ich meinem Partner die Gefühlsstimmungen mitteilen?
- Welche Bedeutung haben sie im Einzelnen für die Beziehung?
- Gefühlsschwankungen sind natürliche Entwicklungsprozesse und stellen zunächst die Beziehung nicht grundsätzlich in Frage.
- Dies bewusst zu machen und untereinander rechtzeitig zu besprechen, kann sehr viel Druck nehmen und unnötige Erwartungen verhindern.
- Schließlich sollte zwischen dem Paar geklärt werden, wie – und dass – sich Aufgaben, Rituale, Zuständigkeiten, Rollen, Verhältnisse (Relationen) und Kompetenzen während der Trennungszeit verändern können.
- Mögliche Veränderungen sollten bereits vor der Trennung bedacht werden, damit sie nach dem Wiedersehen im Rahmen der Möglichkeiten integriert bzw. gestaltet werden können.
- Den Partnern muss klar sein, dass sich in Zeiten der Trennung die Zuständigkeiten und der Umgang miteinander immer wieder verändern wird. Bei keinem neuen Wiedersehen wird die Rahmenbedingung so sein wie beim letzten Auseinandergehen. Dies muss jedoch nicht nur als reine Belastung gesehen werden. Darin steckt auch die große Chance, in der Beziehung zu wach-

sen, gemeinsam weiter zu kommen, die Partnerschaft stets neu lebendig werden zu lassen und den Partner bzw. die Partnerin stets neu zu entdecken.

5.2 Phase II – Nach der Abreise und während des Entferntseins

Wie gehe ich mit den eigenen Gefühlen in dieser Phase um?

- Nachdem besonders der unmittelbare Abschied meist mit einer intensiven „Geschäftigkeit" einhergeht, entsteht unmittelbar danach für den bzw. die Daheimgebliebene(n) eine ausgesprochene Leere, die oft mit großer Unsicherheit, Traurigkeit und Sehnsucht einhergeht.
- Die unmittelbare Trennung erscheint als leere und verlorene Zeit, die sinnlos zu sein scheint. Es entsteht eine Zeit besonderer Gefühlsschwankungen bzw. Einsamkeit, die jedoch vorbereitet werden kann. Viel ist schon gewonnen, wenn sich die Partner bewusst werden, dass diese Phase relativ schnell vorübergeht. Da dieser Zustand extremer Gefühlsschwankungen meist nur einen begrenzten Zeitraum andauert, bleibt dessen Ende absehbar. Auch wenn sich danach nicht alle Probleme lösen und vieles schwierig bleibt, so ist das totale Gefühlschaos doch von sehr kurzer Dauer.
- Gefühle wie Überforderung, Einsamkeit, Sehnsucht, Lustlosigkeit, Trauer, Melancholie oder auch Depression herrschen in dieser Zeit besonders vor.
- Diese Phase kann aber auch eine befreiende Zeit sein. Die Stürme des Abschieds sind überwunden. Nun kann Ruhe einkehren und die Situation kann endlich neu gestaltet werden.

Soll ich Hilfe aus dem sozialen Umfeld annehmen und aktiv einfordern?

- Besonders in dieser Phase unmittelbar nach der Trennung sollten Angehörige und Freunde gebeten werden „da zu sein". Es macht keinen Sinn, nur darauf zu vertrauen und zu hoffen, dass die mir nahe stehenden Personen meine Situation erkennen und auf mich zugehen. In dieser Phase ist es ausgesprochen wichtig, selbst aktiv zu werden. Trotz aller Traurigkeit und dem Bedürfnis, in Ruhe gelassen zu werden, sollte der „falsche Stolz" überwunden werden. Deshalb ist es in dieser Zeit wichtig, die Hilfe von Angehörigen und Freunden, auch anzunehmen und sich bei vertrauten Personen auszusprechen.
- Auf eine ausgewogene „Selbstpflege" zu achten ist besonders wichtig (vgl. Kapitel 4.2).

Was sind jetzt besondere Gestaltungsmöglichkeiten?

- Wenn die erste – meist gefühlsmäßig überfordernde – Phase überstanden ist, sollten die Chancen dieser Zeit ins Blickfeld gerückt werden. Jeder für sich, aber auch das Paar gemeinsam, sollte überlegen – und am besten aufschreiben –, was die großen Chancen dieser Phasen sind: „Was kann ich, was können wir als Paar erreichen?" „Was kann ich bzw. was können wir besonders jetzt anstreben?" „Was kann ich jetzt umsetzen und machen, wozu sonst weder Zeit noch Raum besteht?" „Welche Entwicklungschancen und Gestaltungsmöglichkeiten bietet vielleicht gerade diese Zeit, in der ich alleine bin?"
- Diese Zeit stellt eine große Chance für Entwicklung, Veränderung und Neugestaltung der Persönlichkeit und der Partnerschaft dar. Durch den Freiraum entstehen auch eigene Möglichkeiten, das Leben neu zu gestalten und intensiv zu erleben.

Mögliche Beispiele:

- Seelische, geistige und materielle Verhältnisse können weiterentwickelt, ausgebaut, neu geordnet und bedacht werden.
- Verborgenes und Unterdrücktes kann neu entdeckt werden.

■ Es besteht die Chance, Fähigkeiten (Potentiale) und Vorhaben zu verwirklichen, die sonst im Beziehungsalltag nicht realisiert werden können oder einfach zurückgesteckt werden (müssen):

- Welche Sehnsüchte (Aktivitäten, Fortbildungen usw.) müssen im Alltag außen vor bleiben oder sind unrealisierbar? Wie könnten diese Möglichkeiten nun umgesetzt werden oder sogar ein Ziel für diese Phase der Trennung darstellen?

Die unmittelbare Trennung: Chance und Gefährdung zugleich?

■ Die Leere nach der Abreise bietet einerseits eine Gestaltungschance, andererseits kann aus ihr aber auch die Gefahr eines übertriebenen Aktionismus entstehen. D. h. ein betroffener Partner stürzt sich eventuell in möglichst viele Unternehmungen, um seine Gefühle zu verdrängen. Hier gilt es ein gesundes Maß an Ausgewogenheit für sich selbst und für die gemeinsame Partnerschaft zu finden. Dabei können Gespräche mit Außenstehenden oder auch die stille Selbsterforschung oder stumme Artikulation mit Hilfe eines Tagebuchs oder anhand einer Pinnwand helfen.

Was ist die besondere Bedeutung von körperlicher und seelischer Entspannung?

■ Ausreichend Entspannung gleicht die emotionale Belastung aus.

- Jede Form von Entspannung sorgt für Distanz zu den Problemen und gibt neue Kraft, die Situation zu meistern bzw. zu nutzen. Der Planung und Umsetzung von körperlicher und seelischer Entspannung sollte in dieser Phase herausragende Bedeutung zugemessen werden (vgl. „Mir selbst gut tun“).

Sollte die Tagesgestaltung geplant werden?

- Regelmäßigkeit und Disziplin in den gewohnten Abläufen der Tagesgestaltung helfen als Halt und Raster, um die extremen Schwankungen zu bestehen, da in diesen belastenden Zeiten oft die Unlust regiert („ich habe nur Lust, mich hängen zu lassen, habe keinen Auftrieb“). Regelmäßige Rituale, können z. B. sein:
  - Regelmäßige Essenszeiten einhalten (evtl. auch immer wieder mit Freunden oder Nachbarn verabreden).
  - Ausreichend Zeit für Sport, Entspannung und Hobby einplanen.
  - Sich in Maßen verwöhnen und sich bewusst etwas gönnen.
  - Soziale Einbindung und Kontakte mit Freunden, Familie und Angehörigen pflegen. Die Treffen auch festlegen und planen, sie nicht dem Zufall überlassen oder aus Rücksicht auf die Initiative der anderen hoffen.

Was ist die Herausforderung der unterschiedlichen Alltagswelten während der Trennung?

- Durch die unterschiedlichen Alltagswelten können Spannungen innerhalb des Paares entstehen. Die Partner haben bisweilen das Gefühl, den Partner nicht am eigenen Leben teilhaben lassen zu können, weil dieses so ganz anders ist („das muss man erleben, beschreiben kann man das kaum“).

- Die Gefahr der Eifersucht eines Partners auf die Situation, auf Kontakte und Möglichkeiten des anderen ist jetzt besonders groß. Trotzdem sollte die Kommunikation (auch über positive Dinge) fortgeführt werden – ohne die Eifersucht oder den Ärger über sich oder den Partner zu verheimlichen. Auch hier gilt wieder: Verheimlichen und verdrängen von Tatsachen wird später sicher die Situation schwieriger gestalten.

Selbstwahrnehmung

- Beide Partner sind aufgefordert, die Selbstwahrnehmung zu erhöhen bzw. mit dem Umfeld in intensiven Austausch zu kommen, um Veränderungen an sich selbst wahrzunehmen. D. h., dass eine ganz wesentliche Notwendigkeit darin besteht, sich auszutauschen und zu vergleichen („Wie wirkt diese Situation, diese Phase auf mich?“ „Wie hat sie auf dich gewirkt?“ „Welche äußere Faktoren spielen eine wichtige Rolle?“ „Verändere ich mich, veränderst du dich und verändern wir uns?“).

5.3 Phase III – Bei und nach dem Wiedersehen

ES IST NIE EINFACH NUR EIN WIEDERSEHEN – ES IST IMMER EIN NEUANFANG!

- Das Paar muss sich darüber klar sein, dass es sich nach der Trennung nicht um eine reine Rückkehr oder ein bloßes Wiedersehen handeln kann. Vielmehr ist diese Phase ein Neuanfang des Paares, da die Partner nun aus sehr unterschiedlichen Umgebungen, mit verschiedenen Erlebnissen, Gewohnheiten und Zuständigkeiten kommen. Der Alltag von beiden war gänzlich verändert und unterschiedlich während der Trennung. Die jetzt bevorstehende gemeinsame Zeit, in der die verschiedenen Alltagserfahrungen erst wieder zusammengebracht werden müssen, kann sich daher nicht einfach nahtlos an den gewohnten, gemeinsamen Alltag der Vergangenheit anschließen. Spannungen sind absehbar, aber normal.

- Neue, ungewohnte Gefühle, Gedanken und Erlebnisse können das Paar voneinander distanzieren. Diese bieten aber auch die Chance, neue, andere Möglichkeiten zu entdecken und sich als Paar weiterzuentwickeln.
- Durch das Bewusstsein dieser Gegebenheiten kann der Erwartungsdruck gemindert und ein offeneres Klima füreinander geschaffen werden.

Was sind zentrale Aspekte?

- Durch das Eingestehen und Verarbeiten der Tatsache, dass sich Zuständigkeiten, Rituale, unser Umgang miteinander usw. verändert haben, entsteht Raum für die Neuordnung der Verhältnisse.
- Ringen um die neuen Rollen und Veränderungen ist notwendig. Allmähliches, neues Zusammenfinden und Wiedereingliederung.

Beim unmittelbaren Wiedersehen:

- Trotz der Freude über das Wiedersehen treten aufgrund der langen Trennung emotionale, körperliche (z. B. sexuelle) und geistig-seelische Distanzierung und Fremdheit auf (Ungewohntheit, ungewöhnliche Aktionen und Reaktionen).
- Da sich die im Laufe der Trennung eingespielten Rollen nun wieder verändern, kommt es zu einem „Rollendurcheinander“. Dies ist ein Konfliktpotential und eine

der größten Gefahren für die Partnerschaft bzw. Familie in dieser Phase.

Was ist nach dem Wiedersehen zu beachten?

- Emotionale Schwankungen „zwischen Vertrautheit und Fremdheit“ treten auf.
- Bei extremen Problemen sollten professionelle dritte Personen für Rat und Unterstützung herangezogen werden (Beratungsstellen, Seelsorger, Psychologen ...).
- Dem Wiedersehen folgt ein langsames Neuwerden der Beziehung: Starke Schwankungen und das Gefühl der Fremdheit und manchmal der Verzweiflung angesichts all der Veränderungen und Überforderung sind normal.

Wie können eigene Kommunikationsformen entwickelt werden?

- Dem Austausch von Gedanken und Gefühlen kommt in dieser Phase wieder eine herausragende Bedeutung zu.
  - Ein intensiver Austausch, auch im Ringen miteinander, ermöglicht das Zueinanderfinden am besten. Indem die Partner auch an ihren Gefühlen (Freude, Unsicherheit, Vermissen der alten Situation, Frustration usw.) teilhaben lassen, wird der Zugang zueinander erleichtert.
  - Sowohl für die eigene Perspektive als auch für die des Partners ist es wichtig, sich über Erwartungen, Hoffnungen, Befürchtungen, Chancen und Gefahren klar zu werden und diese auszutauschen.
- Dazu muss nach der Trennung jedoch zuerst eine Hemmschwelle gemeinsam überwunden werden. Die Partner können sich so aber aufeinander einlassen, ohne sich selbst vernachlässigt zu fühlen.

- Die Kommunikation wird nicht (mehr sofort) in den gewohnten und vertrauten Formen ablaufen können. Vieles verändert sich und hat sich verändert. Davor gilt es keine Angst zu haben, sondern eine Chance für die Beziehung zu sehen, wieder neu zusammenwachsen zu können. Den Partnern muss klar werden, dass ihre Erwartungen und Vorstellungen vermutlich nicht die gleichen sind wie die des Partners. Oft sind einfach die Erwartungen zu hoch – und die Ungeduld zu groß.
- Nach dem Wiedersehen kann es große Schwankungen geben zwischen einem großen Mitteilungsbedürfnis und einem völligen Rückzug oder Verstummen der Partner. Eine besondere Belastung ist dabei, dass die Zeiten für das „Schweigen-Wollen" und „Sprechen-Wollen" bei Frauen und Männern oft stark voneinander abweichen können. Diese Hürde gilt es langfristig zu überwinden. Geduld haben, Zeit lassen und wissen, dass das neue Zusammenfinden nicht sofort, sondern als langsamer Prozess vor sich gehen wird, ist dafür eine wichtige Voraussetzung.
- Altbewährte Rituale, die beide Partner schätzen, können jetzt helfen, die Vertrautheit langsam wieder zurückzugewinnen. Dennoch muss allen klar sein, dass es lange dauern kann, wieder ein eingespieltes „Team" zu werden.

„Zeit-Lassen": Ein zentraler Aspekt nach dem Wiedersehen

- Auch wenn beide Partner wegen der gewachsenen Defizite an „gemeinsamer Zeit" hohe gegenseitige Ansprüche aneinander haben, müssen sich beide gerade nach der Rückkehr bzw. dem Wiedersehen auch ausreichend Zeit für sich selbst nehmen. Nur so kann die gemeinsame Zeit wieder nutzbar werden. Gerade die Phase des Wiedersehens erfordert ein gesundes Maß an Selbstpflege.

- Man sollte nicht alle Zeit-Defizite (Freunde, Hobby, usw.) sofort aufholen wollen. Die gemeinsame Zeit sollte keinesfalls zu sehr verplant werden. Eine große Chance ist es deshalb, das unmittelbare Wiedersehen, je nach dem Zeitraum, der dafür zur Verfügung steht, an einen neutralen Ort zu verlegen und gegebenenfalls miteinander und füreinander zu planen. Gerade nach langen Trennungen berichten Paare, dass beispielsweise ein gemeinsames Partner-Wochenende eine riesige Chance für ein entspannteres Wiedersehen und damit auch für die Beziehung selbst bietet. Das Wiedersehen und das Miteinander bekommen einen Raum, an dem sich die Partner wieder behutsam einander nähern können, ohne wesentlich vom äußeren Umfeld beeinflusst zu sein. Die Entfernung des Ortes ist dafür nicht entscheidend. Zeit füreinander zu haben, der Abstand vom Vertrauten, die Möglichkeit, gemeinsam in die Natur zu gehen und der generelle Erholungswert sind dabei sehr viel wichtiger.

- Es stürmen nach dem Wiedersehen oft viele Erwartungen und Verpflichtungen auf beide Partner ein. Deshalb ist es eine große Chance, sich zunächst einige Zeit „nur für sich und die Beziehung zu schenken“.

- Es muss Zeit bleiben dafür, dass Gewohntes und Ungewohntes sich einspielen, sonst besteht die Gefahr der Überladung und Überlastung.

- Die Partner sollten sich über ihre Vorstellungen von der gemeinsamen Zeit nach dem Wiedersehen verständigen, da diese sehr unterschiedlich sein können – und es meist auch sind. Oft möchte ein Partner die Trennungszeit sofort „aufarbeiten“, der andere hingegen möchte zunächst völligen Abstand. Ein Partner (meist der Daheimgebliebene) möchte aktiv und unterwegs sein, der andere (oft der Heimkommende) wiederum einfach nur zu Hause bzw. da sein.

- Konflikte müssen nicht künstlich vermieden werden, jedoch bietet die bewusst genommene und eben nicht verplante Ruhezeit (Muße) für sich und für die Partnerschaft eine besondere Kraftquelle für eine neue Annäherung. So muss und kann nun langsam eine neue „Kultur des Gemeinsamen“ gelernt werden.

Zunächst herrscht oft eine Distanz zwischen den Partnern in vielen Lebensbereichen, z. B. ...

- ... im Austausch von Gedanken und Gefühlen allgemein.
- ... körperlich, z. B. Zärtlichkeiten, Sexualität, usw.
- ... da das „Wieder-Zusammen-Sein“ als Freiheitsverlust und Reduzierung des Selbstbewusstseins empfunden werden kann, das sich während der entfernten Zeit entwickelt hat.
- ... da sich Gewohnheiten und Verhaltensmuster der Partner verändert haben können.

Wie können wir mit den veränderten „Rollen“ umgehen?

- Die Partner müssen motiviert sein, sich auf neue Rollen und Rituale einzustellen. Wichtig ist zu verstehen, dass die Veränderungen normal sind. Die Partner müssen die Offenheit mitbringen, dass es nicht tragisch ist, wenn sich Abläufe, Zuständigkeiten und Rituale in der Partnerschaft verändern. Die Veränderungen sind zwar zunächst beunruhigend, langfristig aber eine Chance, die Beziehung zu beleben.

- Darüber hinaus müssen sich die Partner klar sein, dass sie in ihre veränderten Rollen erst nach und nach wieder hineinwachsen können – bzw. dies oft gar nicht müssen. Offenheit und Toleranz für Neues sind Grundlagen für die Lebendigkeit der Partnerschaft.
- Angestammte Zuständigkeiten, „Rechte und Pflichten" können sich verändert haben. Die Erwartungen sollten also zunächst relativiert werden. Geduld mit sich und dem Partner hat oberste Priorität.

Was ist wichtig bei der Selbst- und Fremdwahrnehmung?

- Auch in dieser Zeit des Wiedersehens ist es (ebenso wie schon vor der Abreise und während der Entfernung) wichtig, dass sich die Partner gegenseitig mitteilen, wie der andere auf sie/ihn wirkt.
- Es herrscht meist ein großer Unterschied in der Wahrnehmung, wie die Gesamtsituation und die Entwicklungen nach dem Wiedersehen auf mich selbst wirken bzw. wie der Partner und andere die Situation empfinden (Gesamtsituation und mein Verhalten).
- Die unterschiedlichen Eindrücke bzw. Anschauungen sollten einander sachlich und unvoreingenommen gegenübergestellt werden können. Es gibt kein „so ist es richtig" oder „so ist es falsch", sondern durchaus auch „gleichzeitig geltende Wahrheiten".
- Es bedarf einer Kultur des neuen „Zuhören-Lernens" und des „Gelten-Lassens", d. h. des langsamen, gegenseitigen Annäherns. Dadurch entsteht einerseits die Möglichkeit, Konflikte zu diskutieren, andererseits kann so das Problem der Differenz zwischen Selbstwirkung und Fremdwirkung leichter verarbeitet werden. Oft ist es für die beiden Partner völlig überraschend und daher

manchmal auch erleichternd, zu sehen, wie unterschiedlich sie die vermeintlich gleiche Situation beurteilen.

- Nach dem Wiedersehen ist es für das Paar wichtig zu akzeptieren, dass evtl. ein Partner eine neue Privat- und Intimsphäre möchte oder braucht, die es so zuvor nicht gegeben hatte. Diese zu respektieren und in das gemeinsame Beziehungsleben einfließen zu lassen, muss bei jedem Wiedersehen neu erlernt werden.
- Dies erfordert eine Zurücknahme eigener Erwartungen und ein Überdenken bisheriger Standpunkte (die ja eigentlich bisher durchaus positiv gewesen sein können – aber eben nun nicht mehr stimmig sein könnten).

Trotz aller Belastungen: Die Fern-Beziehung in all ihren Phasen und erzwungenen Veränderungen ist eine riesige Chance dafür, die Beziehung weiter und tiefer zu entfalten, sowohl im Hinblick auf die Lebendigkeit der Partnerschaft als auch im Hinblick auf die Entwicklung der Persönlichkeit beider Partner.
Weil es eine derart konzentrierte Beziehungszeit ist, wird den Partnern intensiv vor Augen gestellt, was ihnen an der Partnerschaft und am Partner besonders wichtig ist, und was eben überhaupt nicht wichtig ist und darum geändert werden sollte.

6 Konkrete Selbst-Hilfen und Fragebögen für Partner in Fern-Beziehung

6.1 Die Planung der gelingenden Fern-Beziehung

Wesentlich dafür, dass Partnerschaft auf Distanz gelingt und zu einer Chance wird, ist das rechtzeitige Formulieren von Hoffnungen und Erwartungen, Befürchtungen und Ängsten. Sie sollten möglichst sogar aufgeschrieben („fixiert") und gemeinsam diskutiert werden. Sie können eine wertvolle Orientierung während und nach der Zeit der Trennung sein (s. folgende Beispiele). Die Überwindung, die Aspekte aufzuschreiben, lohnt sich. Von vielen Paaren wird dies ausdrücklich empfohlen und bestätigt. Vorlagen dazu finden sich in Kapitel 6.2 (Fragebögen als Selbst-Hilfe).

Mögliche Leitfragen für das Paar-Gespräch bei der Vor- bzw. Nachbereitung:

- Was beeinflusst uns negativ durch die Fern-Beziehung (Gefährdungen und Belastungen)?
- Was an der Situation können wir positiv beeinflussen oder verändern – und wie?
- Was würde mir gut tun? Was würde ich mir wünschen?
- Was sind die Chancen für unsere Partnerschaft?

Beispiel: Eine Vorbereitungs-Einheit (für die Trennungszeit oder das Wiedersehen) mit „Abmachungs-Charakter" könnte sein, die folgenden Fragen „füreinander" zu beantworten und mit denen des Partners abzugleichen. Die Unterschrift verleiht den Mitteilungen keinen Vertragscharakter, sondern unterstreicht vielmehr, dass der Partner mit seiner ganzen Persönlichkeit hinter diesen Aussagen steht.

„Ich, *Name Partner A*
- erhoffe/erwarte mir ...
- befürchte ...
- habe Angst vor ...
- Chancen für uns sind ...
- vereinbare mit Dir, *Name*

Unterschrift

„Ich, *Name Partner B*
- erhoffe/erwarte mir ...
- befürchte ...
- habe Angst vor ...
- Chancen für uns sind ...
- vereinbare mit Dir, *Name*

Unterschrift

6.2 Fragebögen als Selbst-Hilfe: Erleichterter Austausch von Gedanken und Gefühlen in der Fern-Beziehung

Folgende Fragebögen können für das Paar eine große Hilfe für die Vorbereitung und Verarbeitung sein. Die Fragen können dabei z. B. von beiden gleichzeitig (auf den kopierten Abdrucken) beantwortet werden. Jeder Partner nimmt sich 45 Minuten Zeit, je einen der Fragebögen auszufüllen. Anschließend gehen sie gemeinsam Spazieren und lesen sich in einer möglichst entspannten Atmosphäre jeweils abwechselnd ihre Antworten vor – und vergleichen diese. Der Austausch der Antworten während des Gehens („ganz in Bewegung sein") ist ein wichtiger Aspekt dabei. Er erleichtert und intensiviert das Gespräch nachhaltig. Auf diese Weise werden die Partner in einem überschaubaren Rahmen über die Gefühlslage, die Einstellungen und Vorstellungen des Partners informiert und teilen sich ihre Gedanken mit. Eine weitere Chance ist dabei die für die gelingende Partnerschaft so wichtige (ständige) „Erneuerung", darum zu wissen, was der Partner denkt, fühlt, hofft und befürchtet (Partnerwissen).

Auf dieser Grundlage befasst sich **Fragebogen 1** mit dem Austausch des generellen Partnerwissens. Dabei werden grundsätzliche Aspekte des Partners und der Beziehung bedacht. Wichtig ist, dass sich der Antwortende bei einigen Fragen in die Lage des je anderen Partners versetzen muss. Dies dann wiederum abzugleichen, ermöglicht spannende Erkenntnisse. **Fragebogen 2 und 3** befassen sich, darauf aufbauend, mit generellen Plänen und Ausblicken für die gemeinsame Partnerschaft. **Fragebogen 4** bietet jedem Partner eine Hilfestellung, „für sich selbst" wichtige Erkenntnisse und Erfahrungen festzuhalten.

Die Fragebögen sollten nicht alle am selben Tag ausgefüllt werden. Sie bieten vielmehr die Möglichkeit, die Gedanken der vorhergehenden Fragen zu vertiefen. Ideal wäre es, die Fragebögen jeweils vor und nach der Trennungszeit (beide Partner gleichzeitig) auszufüllen. Zentrale Probleme und Fragestellungen, die sich aufgrund der Fragebögen ergeben haben, können dann anhand des angegebenen Lösungsschemas auf dem **Fragebogen 5** („Hilfestellung" in Kapitel 6.3) „spielerisch" gelöst werden. Dabei kommt es zunächst nicht darauf an, eine direkte Lösung zu vereinbaren. Vielmehr sollen die eigentlichen Probleme nur deutlicher für beide Seiten beleuchtet werden – bis sich daraus schließlich, in kreativer Weise, eine gemeinsame Lösung herauskristallisiert.

Fragebogen 1

23 Überlegungen – „Partnerwissen" zu unserer Fern-Beziehung

1. Welche besonders schwierige Zeiten haben wir bisher in unserer Partnerschaft überstanden?

2. Was hat uns dadurch in unserer Partnerschaft gestärkt?

3. Welche Zeiten waren besonders positiv für unsere Partnerschaft und warum?

4. Welche gleichen Vorstellungen haben wir beide bezüglich einer gelingenden Fern-Beziehung?

5. Was unterscheidet uns aus meiner Sicht bei der Vorstellung einer erfüllenden Fern-Beziehung?

6. Welche Ängste/Befürchtungen beschäftigen meine(n) Partner(in) derzeit besonders?

7. Welche Hoffnungen/Erwartungen hat sie/er derzeit besonders in Bezug auf mich?

8. Welche meiner Eigenschaften mag mein Partner nicht so sehr?

9. Wann habe ich ihm/ihr das letzte Mal gesagt, dass ich ihn/sie lieb habe?

10. Womit könnte ich ihr/ihm derzeit eine überraschende Freude machen?

11. Welche Freiheit ist für mich in der Partnerschaft besonders wichtig?

12. Was möchte sie/er in nächster Zeit besonders gerne erreichen (privat, beruflich)?

13. Welche Eigenschaft bzw. Verhaltensweise meines Partners im Umgang mit mir schätze ich besonders und warum?

14. Wie könnten wir uns noch besser unsere Gefühle und Gedanken mitteilen?

15. Wie viel Nähe bzw. Distanz möchte ich und mein(e) Partner(in) in der Fern-Beziehung?

16. Was schätzt mein Partner an der Distanz, was an der Nähe der Fern-Beziehung?

17. Was wäre ein großer Wunsch von mir an meine(n) Partner(in)?

18. Was braucht mein(e) Partner(in) unbedingt, um in der Fern-Beziehung glücklich zu sein?

19. Was macht unsere Beziehung besonders wertvoll und erfüllend?

20. Welche Eigenschaft liebt mein(e) Partner(in) besonders an mir?

21. Was können wir durch die wechselnde Distanz und Nähe der Fern-Beziehung für uns auf lange Sicht lernen?

22. Wie sollte unsere Partnerschaft in zehn Jahren aussehen? Welche Ziele haben wir langfristig?

23. Was sollten wir derzeit tun, damit unsere Fern-Beziehung erfüllend bleibt/wird?

Fragebogen 2

GEDANKENAUSTAUSCH

- Was ist in unserer Partnerschaft belastend aufgrund der Fern-Beziehung?

- Wie könnte die konkrete Unterstützung meines Partners für mich aussehen?
  Welche Erfahrungen schätze bzw. vermisse ich in punkto Unterstützung?
  (Gesprächsregeln von Kapitel 6.4 beachten!)

- Was an der derzeitigen Situation können wir positiv beeinflussen – und wie?

- Was könnte sich negativ entwickeln, wenn wir unsere Fern-Beziehung „laufen lassen", ohne die Entwicklungen und Veränderungen zu beachten?

- Was hat/würde mir gefallen, was hat mir gut getan/würde mir gut tun?
  Was wünsche ich mir zusätzlich/hätte ich mir zusätzlich gewünscht?

- Was sind die Chancen für unsere Partnerschaft durch das Bevorstehende?

- Ich möchte Dir gerne sagen in Bezug auf unsere Fern-Beziehung ...

Ich, (*Name*): ___________ *möchte DIR* ___________ *das Folgende mitgeben*

Fragebogen 3

Unsere Abmachungen zur Fern-Beziehung ...

- Ich erhoffe/erwarte mir für unsere Fern-Beziehung ...

- Ich befürchte/habe Angst vor ...

- Was wir planen bzw. vorbereiten können und sollten ...

- Meine/unsere Chancen dabei sind ...

- Ich möchte mit dir vereinbaren ...

Fragebogen 4

FÜR MICH ist in der Fern-Beziehung besonders wichtig ...

- Was nehme ich mir für die getrennte(n) Zeit(en) grundsätzlich vor?

- Welche Aktivitäten nehme ich mir besonders vor?

- Was kann ich während der Entfernung sogar besser umsetzen?

- Was ist für mich besonders wichtig, vor allem vor und nach dem Wiedersehen?

- Was sind Erfahrungen in der Zeit der Fern-Beziehung, die ich mir immer wieder ins Gedächtnis rufen sollte?

- Die Entfernung verdeutlicht: Was sollten wir an unserer Beziehung ändern und was möchte ich keinesfalls missen?

6.3 Praktische Hilfestellung: Probleme lösen in der Fern-Beziehung[1]

Wichtig zu beachten ist für das Lösen von Problemen:

- Probleme zu vermeiden ist fast immer falsch. Von selbst lösen sich keine Konflikte – sie werden auf Dauer nur schlimmer. Den Partner aus Rücksicht zu verschonen ist auf Dauer nur in sehr seltenen Fällen sinnvoll. *Das Ringen mit Konflikten ist immer besser als die Flucht vor ihnen.* Teilen Sie unbedingt das Problem deutlich mit. Reden Sie nicht um das Problem herum („er/sie muss doch nun wirklich selbst verstehen, was ich andeuten will“).
- Es setzt neue Kräfte in der Beziehung frei, wenn Sie gemeinsam nach Lösungen suchen. Gemeinsam bestandene „schwierige Zeiten“ sind schließlich die beste Voraussetzung für eine stabile Partnerschaft.
- Wichtig ist auch, die Lage des Partners zu bedenken. Versuchen Sie, sich für die Lösung des Problems in die Lage des Partners zu versetzen (vgl. Fragebogen).
- Partnerschaft ist immer ein Kompromiss. Beide müssen deshalb zurückstecken.

Dadurch, dass Probleme und Spannungen aufgelistet und beschrieben werden, können sie dem Partner auch deutlicher vermittelt und somit auch besser gelöst werden.

---

[1] Zur gemeinsamen Problemlösung in der Partnerschaft gibt es eine Reihe von Konzepten. Sehr zu empfehlen ist ein Kommunikationstraining für Paare wie EPL und KEK, die in Deutschland flächendeckend und regelmäßig angeboten werden. Auch das Freiburger Stress-Präventions-Training (FSPT) bietet dazu wesentliche und wertvolle Orientierungen. In Kapitel 8 werden diese Angebote vorgestellt. Verschiedene Krankenkassen bieten auch Hilfestellungen an. Vgl. dazu z. B. Angelika Wagner-Link: „Der Stress“, TK-Broschüre zur gesundheitlichen Lebensführung, Stressoren erkennen. Belastungen vermeiden. Stress bewältigen. Herausgegeben von der Techniker Krankenkasse, Hamburg 2000, S. 20–23.

Folgende Schritte zeigen ein effektives und zugleich „spielerisches" Vorgehen bei der Lösung wichtiger Probleme der Fern-Beziehung:

1. Schritt

Das Problem grundsätzlich beschreiben und beim Namen nennen. Beschreiben Sie die Belastungen der Fern-Beziehung. Wirklich ausgesprochen werden die negativen Dinge und Prozesse in der Partnerschaft nämlich höchst selten.

2. Schritt

Erarbeiten von Lösungsmöglichkeiten für die Fern-Beziehung. Dazu schreiben beide oder ein Partner möglichst viele Lösungen auf, die das Problem besser bewältigen helfen könnten. Auch unsinnige, verrückte oder vermeintlich unmögliche Vorschläge sollten unbedingt genannt werden.

3. Schritt

Bewertung der Vorschläge und Auswahl einer Lösung, bei der auch verschiedene Aspekte unterschiedlicher Vorschläge vermischt werden können. Also dürfen durchaus auch die unsinnigen und unmöglichen Vorschläge intensive Ratgeber sein. Auch der „Traum-Zustand" für die Fern-Beziehung sollte von jedem formuliert werden – auch wenn die Umsetzung unrealistisch scheint. Solche Vorstellungen klären die Verhältnisse leichter und sind oft der Schlüssel zu echten, letztlich auch bereichernden kreativen Lösungen.

4. Schritt

Entwickeln eines Planes für das Gelingen der Fern-Beziehung. Die ausgewählte Lösung wird weiter ausgearbeitet. Es werden notwendige Schritte überlegt und festgelegt. Es wird überprüft, wie die Schritte durchführbar sind.

5. Schritt

Die Umsetzung. Die beste und erfolgversprechendste Lösung wird auf die Situation bezogen gedanklich durchgespielt. Wichtig ist, sich nicht zu viel auf einmal vorzunehmen und sich für die Verwirklichung Zeit zu lassen. So ergeben sich zwar keine Wunder, aber echte Fortschritte in der Partnerschaft.

6. Schritt
Überprüfung des Erfolgs. Nach einiger Zeit wird gemeinsam und zugleich von jedem für sich selbst überprüft, ob sich der Plan in der Praxis bewährt. Wenn dies nicht oder unzureichend der Fall ist, setzen beide gemeinsam bei den möglichen oder nötigen Veränderungen ein. Dazu kann im verkürzten Verfahren nochmals mit Punkt 1 begonnen werden. Wichtig ist darauf zu achten, dass beide das gleiche Problem bedenken und lösen wollen. Woran liegt der eventuelle Misserfolg?

Fragebogen 5

Die Problemlösung des Paares kann praktisch so aussehen ...

1. Beschreibung des Problems: Was ist das genaue Problem unserer Fern-Beziehung? Wie entwickelt(e) sich das Problem? Was will ich? Was will mein Partner? Was sind die Hindernisse? Welche Hilfestellungen von außen sind möglich? Was sind meine Fragen?

   ____

   ____

   ____

2. Erarbeiten Sie Lösungsmöglichkeiten: Sammeln sie einzeln und gemeinsam möglichst viele (auch unrealistische und „verrückte“) Vorschläge für die Lösung.

   ____

   ____

   ____

3. Bewerten sie die Auswahl und streichen Sie völlig Ungeeignetes weg. Einzelne interessante Ideen für die Partnerschaft vermerken Sie sich. Für das Verbleibende bilden Sie eine Reihenfolge (Ranking).

   ____

   ____

   ____

4. Der Plan für die Vorgehensweise: Welche Handlungen sind nötig für das Gelingen unserer Fern-Beziehung? Zu welcher Zeit? An welchem Ort?

5. Die Umsetzung und Kontrolle: Ist der Plan wirksam? Was gelingt in unserer Fern-Beziehung nun? Was hilft? Was gelingt nicht? Was ist falsch?

6. Was sind neue, verbesserte, vielleicht auch ungewöhnliche Fortschritte und Lösungsmöglichkeiten? Wie verändert sich das Problem? Was sind die Konsequenzen?

7. Eigene Anmerkungen und Ideen ...

6.4 Wesentliche Regeln für ein gelingendes Gespräch[2]

Grundregeln der Sprecherrolle

1. Sich öffnen

Jeder Partner soll sich öffnen und beschreiben, was in ihm vorgeht. Anklagen und Vorwürfe lassen sich vermeiden, wenn jeder seine Gefühle und Bedürfnisse direkt äußert. Dann kann auch ein weiterer häufiger Fehler, „das negative Gedankenlesen", vermieden werden. Hierunter versteht man Äußerungen, die die Reaktionen des Partners vorwegnehmen. Z. B.: „Auf andere Art kann man ja nicht mit Dir reden" oder „Ich würde was unternehmen, aber Du machst ja doch nicht mit." Der Sprecher sichert sich damit schon im Voraus gegen eine mögliche Reaktion ab.

2. Ich-Gebrauch

Jeder Partner soll von seinen eigenen Gedanken und Gefühlen sprechen. Kennzeichen dafür ist der Ich-Gebrauch. Alle Aussagen werden dadurch persönlicher. Äußerungen, die nur auf den anderen gerichtet sind (Du-Sätze, Wir-Sätze), sind meist Vorwürfe oder Anklagen, die als Auslöser für Gegenangriffe oder Rechtfertigungen dienen.

3. Konkrete Situation ansprechen

Jeder Partner soll konkrete Situationen oder Anlässe ansprechen, so dass Verallgemeinerungen („immer", „nie") vermieden werden. Verallgemeinerungen rufen meist sofortigen Widerspruch hervor und lenken vom eigentlichen Inhalt – der konkreten Situation – völlig ab. Durch die Einhaltung dieser Regel werden die Aussagen für den Zuhörer anschaulicher.

---

[2] Engl / Thurmaier stellen sie beispielsweise so dar. Sie orientieren sich dabei u. a. an Schinder / Hahlweg, Revensdorf 1980: J. Engl / F. Thurmaier: Wie redest du mit mir? Fehler und Möglichkeiten in der Paarkommunikation, Freiburg i. Br. 1992, S. 89 f.

4. Konkretes Verhalten ansprechen

Jeder Partner soll von konkretem Verhalten in bestimmten Situationen sprechen, so dass vermieden wird, dem anderen negative Eigenschaften zuzuschreiben. Die Unterstellung negativer Eigenschaften ruft ebenfalls Widerspruch hervor. Kennzeichen solcher Äußerungen sind z. B. „typisch", „unfähig", „langweilig", „nie aktiv". Wer konkretes Verhalten benennt, erreicht eine bessere Nachvollziehbarkeit seiner Aussagen, nicht nur beim Partner, sondern auch für sich selbst.

5. Beim Thema bleiben

Jeder Partner soll vom Hier und Jetzt sprechen, da bei Rückgriffen auf die Vergangenheit das Gespräch Gefahr läuft, völlig vom eigentlichen Thema abzuweichen.

Grundregeln der Zuhörerrolle

1. Aufnehmendes Zuhören

Der Partner soll dem Sprecher non-verbal (nicht-sprachlich) deutlich zeigen, dass er ihm zuhört und Interesse an seinen Äußerungen hat. Dies kann z. B. durch unterstützende Gesten wie Nicken oder kurze Einwürfe wie „hm", „aha" geschehen. Wichtig ist neben dem Blickkontakt auch eine dem Partner zugewandte Körperhaltung. Ermutigungen, doch weiterzusprechen (z. B.: „Ich würde gern mehr darüber hören"), stärken den Partner in seinem Erzählen.

2. Zusammenfassen

Der Partner soll die wesentlichen Äußerungen des Sprechers möglichst in eigenen Worten rückmelden, um deutlich zu machen, dass er ihn verstanden hat. Fällt es ihm schwer, die Äußerungen in eigene Worte zu kleiden, sollte er auch vor wörtlichen Wiederholungen nicht zurückschrecken.

3. Offene Fragen

Wenn der Partner im Verlauf der Unterhaltung den Eindruck hat, dass der Sprecher seine Gefühle und Wünsche nur indirekt äußert und er nicht ganz sicher ist, was dieser empfindet, soll er gezielt danach fragen. Hier ist zu beachten, dass keine raschen Urteile gefällt und keine vorschnellen Interpretationen vorgenommen werden, z. B.: „Hast du dich unsicher gefühlt?" und nicht: „Das liegt an Deiner Unsicherheit!"
Im ersten Fall kann der Sprecher zustimmen oder ablehnen, also richtig stellen, im zweiten Fall muss er sich verteidigen.

4. Positive Rückmeldung

Der Partner soll den Sprecher bei seinen offenen und klaren Äußerungen bestärken (loben), damit dieser sich ermutigt fühlt, z. B.: „Das freut mich sehr, dass Du mir das so klar und offen gesagt hast."

5. Rückmeldung des eigenen Gefühls

Es gibt Situationen, in denen es dem Zuhörer nicht möglich sein wird, mit Verständnis auf den Sprecher zu reagieren, etwa weil dessen Äußerungen ihn sehr aufgebracht haben. In einem solchen Fall sollten indirekte Aussagen vermieden werden, z. B.: „Aber das stimmt doch gar nicht!" Stattdessen meldet der Zuhörer besser seine eigenen Gefühle direkt zurück, z. B. „ich bin völlig verblüfft, dass Du das so siehst." Genauso wichtig ist es, aufkommende positive Gefühle rückzumelden, z. B. „mich freut es, dass du das mit mir gemeinsam machen willst."

7 Fern-Beziehung mit *„anderen"* Worten

Statt einem Schlusswort

Bevorstehender Abschied

Kopf sagt: Sei tapfer!
Herz sagt: Halte fest und genieße ...
Zeit sagt: Sauge die Momente auf ...
Uhr sagt: Unsere Zeit verfliegt so grausam unaufhaltbar ...

Ich aber sage einfach:
Ich habe Angst. Und ich darf diese Angst auch einfach haben, darf sie zulassen ...
Trotz aller Freude über unsere Beziehung bin ich jetzt zum Abschied einfach traurig!

Ich darf mir sagen, egal was andere sagen, raten, tuscheln:
Ich darf mich in meiner Ungewissheit fallen lassen ...
Ich darf einfach eintauchen in meine Traurigkeit ...
Ich darf einfach zulassen, dass ich jetzt stark sein sollte – meinen alle –, aber ich kann und will jetzt nicht stark sein ...

Ich darf einfach sein, wie ich bin: verletzt, ängstlich, befürchtend ...
Nein, ich brauche jetzt nicht tapfer sein ... auch wenn sicher alles gut wird.
Alles wird sicher überstanden – irgendwie ...
Das Vertrauen wird schon wieder kommen – dann, später neu kommen ...

JETZT darf sein, was ist: Traurigkeit, Unsicherheit, dicker Kloß in Hals und Bauch …
Dennoch bin ich sicher: Ich und wir sind geborgen in unserem Vertrauen.

Wir sind auch entfernt gemeinsam unterwegs …
Wir wachsen auch entfernt zusammen …
Jetzt aber darf ich dennoch einfach traurig sein
Warum auch nicht? Oder besser gerade darum!

ABSCHIED

Du gehst.
Ich bleibe. Oder umgekehrt?

Meine Sehnsucht und Traurigkeit begleiten dich.

Du gehst.
Ich bleibe. Oder umgekehrt?

Meine Hoffnungen und Befürchtungen sind allgegenwärtig.
Einer geht. Einer bleibt. Wo bleiben WIR?

Unsere Möglichkeiten umrahmen uns.
Was kann alles bleiben von dem, was gewesen ist? Was kann sein? Was kann werden?

Du gehst.
Ich bleibe. Oder umgekehrt?

Was wird sein, all die Zeit des Getrenntseins?
Getrennt und doch zusammen?!

Du gehst.
Ich bleibe. Oder umgekehrt?

Es wird weitergehen. Wir werden weiter gehen. Es muss weitergehen.
Es darf weitergehen …

Trotz aller Entfernung. Trotz aller Unterschiede. Wir sind zusammen. WIR bleiben …
Du gehst.
Ich bleibe. Oder umgekehrt?

Und du wirst wiederkommen. Ich werde da sein. Nichts mehr wird sein, wie es war.
WIR aber werden zusammenkommen.
Wir aber werden weitermachen.
Wir aber werden uns NEU beleben.

DU wirst bleiben – auch wenn du gehst.
ICH aber werde mitgehen – auch wenn ich bleibe.
Oder umgekehrt!
Denn:

WIR bleiben.
WIR gehen.
WIR werden. Immer neu!

Abgefahren

ALLES ist ziemlich „abgefahren" – oder?!
Sieht alles ziemlich leer aus. Alles ziemlich sinnlos – oder?

Ich soll funktionieren? Ohne dich? Will ich das? Kann ich das? Soll ich das?

Sieht alles ziemlich leer aus. Alles ziemlich eng.
Es ist, als wäre die Farbe aus dem Tag gewaschen.

Ich frage mich, was bin ich ohne dich?
Ich ohne dich bleibe aber noch immer ICH.
Du ohne MICH bleibst immer noch DU.

Es tut zwar sehr weh – wir ohne uns.
Jedoch: WIR bleiben WIR.
Auch wenn wir nicht am selben ORT zur selben ZEIT sind …

WIR sind unabhängig von ORT und ZEIT.
WIR bleiben WIR.
Ob nun am selben oder am getrennten Ort.

WIR bleiben WIR.
AUCH oder gerade wenn alles ziemlich leer ist.
AUCH oder gerade weil alles so beklemmend ist – jetzt –
OHNE DICH …

Nein, ich brauche nicht so zu tun, als würde mir das Plötzlich-wieder-allein-Sein gefallen.
Nein, ich brauche auch nicht so zu tun, als wäre mir das nun lieber.
Nein, ich brauche weder vor mir selbst noch vor anderen diese Leere überspielen …

Denn WIR spielen dieses Stück zusammen.
WIR dürfen zusammen weitermachen …

Entfernt zusammen wachsen

Es wäre doch gelogen, so zu tun, als wäre alles wie immer,
OBWOHL du mir jetzt fehlst, OBWOHL ich dir jetzt fehle.

ABER: Diese Leere, diese Sehnsucht, diese Traurigkeit, diese Stille, diese Beklemmung, dieses Alleinsein ist mehr als Abschied …

… es ist schon der erste Moment vor dem Wiedersehen, vor dem Weitermachen …
Wiedersehen beginnt schon mit dem Loslassen – und wer nicht fortgeht, kann auch nicht wiederkehren …

Wir müssen nicht alleine wachsen. Zusammen wachsen wir.

Wir werden immer mehr wir, ob entfernt oder nah: Wir wachsen zusammen!

Wo bleibst Du?
Ich warte und sehne und befürchte und hoffe.

Wo bleibst Du?
Ich bereite vor. Ich überlege, wie es sein wird. Befürchte, was schwierig wird.
Hoffe, was neu sein wird.

Wo bleibst Du?
Ich plane, und meine Vorfreude bekommt Flügel!

Doch sagt man mir: Erwarte nicht zu viel. Vorfreude wird meist enttäuscht.
Zu viele Erwartungen erdrücken die Wirklichkeit.

Ach nein. Ich ERWARTE DICH.
Was sollte ich be-fürchten?
Ich ERWARTE DICH. Das allein vertreibt die Be-Fürchtung.

DENN, lass mich gesagt wissen:
Du bist wie Lebens-Kraft für mich.
Was sollten mir nicht erfüllte Erwartungen schon anhaben:
DU bist mehr als nur wahr-gewordene Rückkehr …

Denn
Mit unserem Wiedersehen sind wir wieder WIR.
Und das muss nicht immer nur Harmonie und Erfüllung sein …

Denn
WIR werden mehr sein als ERWARTUNGEN mit Enttäuschung und Erfüllung …
WIR zwei sind gemeinsam ein unergründliches Ganzes – lachend, streitend, verändert verändernd, mal enttäuscht, mal hoffend …

WIR sind und werden stets neu in dieser Herausforderung …

Wiedersehen

Du kommst zurück! Oder ich?
Komme ich zu dir? Kommst du zu mir?

Ohne viel Worte: WIR kommen zueinander zurück …

Nein, nicht einfach ein Wiedersehen kann es sein.
Unmöglich. Es ist ein Neuanfang! Immer! Stets neu.
Immer neu.
Mühsam. Zauberhaft. Wunder-bar. Ver-wund-bar.

Neuanfang von dir mit mir. Von mir mit dir.
Von uns mit uns.
Neuanfang von uns FÜR uns …

Du kommst zurück. Oder ich zu dir?
Oder besser wir fangen neu an?!

Du kommst zurück.
Und das Fest geht weiter, das Abenteuer beginnt …

WIR beginnen, wie so oft, neu …
Gewiss, es wird ein Kämpfen werden!
Doch gewiss, es wird ein Fest …

Welch Ringen, welch Wagnis, welch Chance … beginnt … immer neu …!

8 Weiterführende Programme und Literatur

Neben den vom Autor durchgeführten Initiativen sind vor allem spezielle Präventiv-Programme (Kommunikationstraining) für Paare zu empfehlen:

Die konkrete Situation von Paaren in Fern-Beziehungen verlangt nach einer Methode und Hilfe bei Konflikten, Auseinandersetzungen und emotionalen Spannungen. Für das Training von Paaren sowie die Begleitung in Krisen liegen mit den Programmen FSPT (Freiburger Stresspräventionstraining für Paare) und EPL (Ehevorbereitung – Ein Partnerschaftliches Lernprogramm) bzw. KEK (Konstruktive Ehe und Kommunikation) ausgezeichnete Instrumente vor, deren außerordentliche Wirksamkeit z. B. im Fall von EPL und KEK empirisch belegt wurde.[1] Es handelt sich bei all diesen Methoden der Begleitung um effektive Maßnahmen zur Prävention und Bewältigung von Beziehungsstörungen. Hierbei kann in vergleichsweise kurzer Zeit Paaren effektives Kommunikations- und Problemlösungsverhalten vermittelt werden, um den wohlwollenden und versöhnlichen Umgang miteinander zu ermöglichen, wie dies in der Spannung vor, während und nach einer Fern-Beziehung vonnöten ist.[2]

EPL (Ein Partnerschaftliches Lernprogramm):[3]

EPL zielt auf die Verbesserung von Kommunikations- und Problemlösungsfähigkeiten der Partner ab. Damit sollen die teilnehmenden Paare

---

[1] Vgl. F. Thurmaier / J. Engl / K. Hahlweg: Eheglück auf Dauer? Methodik, Inhalte nach fünf Jahren, in: Zeitschrift für Klinische Psychologie, 28 (1), S. 54–62. Vgl. F. Thurmaier: Ehevorbereitung – Ein Partnerschaftliches Lernprogramm (EPL). Methodik, Inhalte und Effektivität eines präventiven Paarkommunikationstrainings, München 1997. Vgl. K. Hahlweg u. a.: Prevention of Marital Distress: Results of a German Prospective Longitudinal Study, in: Journal of Family Psychology, Vol. 12,4, S. 543–556.

[2] Vgl. C. Black / J. Engl / F. Thurmaier: Kommunikationstraining als Ansatz zur Prävention und Bewältigung von Beziehungsstörungen. Die Programme EPL, KEK und KOMKOM, in: Beratung Aktuell. Zeitschrift für Theorie und Praxis der Beratung. Hrsg. v. Dr. Rudolf Sanders. 2, 1, Paderborn 2001, S. 5.

[3] Vgl. ebd. S. 5 ff. Zur Einführung in Inhalte, Verlauf und Methodik des Programms siehe: Engl / Thurmaier: Wie redest du mit mir?

sich besser verständigen und ihre Konflikte, die im Verlauf einer Beziehung unweigerlich auftreten werden, erfolgreicher lösen und die Beziehung damit befriedigender gestalten können.

KEK (Konstruktive Ehe und Kommunikation):[4]

Dabei richtet sich der Fokus auf Paare ohne Therapie, die mindestens zwei Jahre verheiratet sind bzw. auf nicht verheiratete Paare, die entsprechend lange eine Beziehung führen. Es werden je vier Paare von zwei speziell geschulten Kursleitern betreut. Wie bei EPL werden in den ersten vier Einheiten grundlegend folgende Fertigkeiten vermittelt: Kommunikations-, Konflikt- und Problemlösungsfähigkeiten. Daran schließen drei Einheiten an, die folgende Aspekte thematisieren: „die eigene Gesprächskultur", „Veränderung und Neuorientierung in der Partnerschaft", „Stärken der Beziehung".

FSPT: (Freiburger Stresspräventionstraining für Paare):

Das Programm „Kompetenzen für die Partnerschaft. Freiburger Stresspräventionstraining für Paare" wurde federführend von Guy Bodenmann entwickelt.[5] Das Training wurde auf der Grundlage von internationaler Forschung in der Stress- und Kommunikationsforschung bei Paaren entwickelt. „Ziel des Trainings ist die systematische Förderung derjenigen Kompetenzen, welche in der Forschung als zentrale Prädiktoren für einen günstigen Partnerschaftsverlauf und ein geringeres Scheidungsrisiko gefunden wurden."[6]

Informationen für entsprechende Kurse sind im Internet zu den jeweiligen Initiativen zu ersehen (z. B. für EPL/KEK unter www.akf-bonn.de) – oder:

Institut für Forschung und Ausbildung in Kommunikationstherapie; Rückertstr. 9; D-80336 München (www.institutkom.de).

Für das Freiburger Stresspräventionstraining:

Erziehungs- und Familienberatung; Bezirksamt Kreuzberg; Mehringdamm 112; D-10965 Berlin

---

[4] Vgl. ebd. S. 9–12.

[5] G. Bodenmann: Kompetenzen für die Partnerschaft. Freiburger Stresspräventionstraining für Paare, Weinheim und München 2000. Seine Arbeitsschwerpunkte sind Stress und Stressbewältigung bei Paaren, Scheidungsvorhersage, Prävention bei Paaren, Paartherapie sowie klinische Störungen bei Paaren.

[6] Ebd. S. 5.

Literatur-Auswahl zu Fern-Beziehungen

Berger, Alexandra: Liebe aus dem Koffer. Lust und Frust in der Wochenendbeziehung, Stuttgart 2003.

Freymeyer, Karin / Otzelberger, Manfred: In der Ferne so nah: Lust und Last der Wochenendbeziehungen, Berlin ^{3}2001.

Für Ruhe in der Seele sorgen. Evangelische Militärpfarrer im Auslandseinsatz der Bundeswehr. Herausgegeben im Auftrag des Evangelischen Militärbischofs durch das Evangelische Kirchenamt für die Bundeswehr, Bonn. Verantwortlich: Peter Michaelis, Leipzig 2003.

Koller, Christine: Liebe auf Distanz. Fernbeziehungen – und wie man sie meistert, Frankfurt a. M. 2004.

Pfeiffer, Franziska: Zwei Karrieren – eine Liebe. Wenn Paare, die sich lieben, getrennt leben, Freiburg i. Br./Basel/Wien 2001.

Schmitz-Köster, Doris: Liebe auf Distanz. Getrennt zusammen leben, Hamburg 1990.

Im Rahmen der Kooperation mit der Katholischen Militärseelsorge sind von P. Wendl folgende Arbeitspapiere erschienen:

Wendl, Peter: Fern-Beziehungen – ein Praxisleitfaden. Orientierungen für die Militärseelsorge. Seelsorgerliche Begleitung von Soldaten und deren Partnern bei Fern-Beziehungen (Auslandseinsatz und Wochenendbeziehung), 36 Seiten, 2004.

Wendl, Peter: Fern-Beziehungen – Krise und gelingende Partnerschaft? Eine Problemstudie. Orientierungen für die seelsorgerliche Begleitung von Soldaten und deren Partnern bei Fern-Beziehungen (Auslandseinsatz und Wochenendbeziehung), 130 Seiten, 2004.

Speziell zur Vorbereitung von Soldaten auf Auslandseinsätze sind z. B. erschienen:

Bundesministerium der Verteidigung, Führungsstab der Streitkräfte I 4 (Hrsg.): Vor dem Einsatz. Vorbereitung auf den Einsatzstress, Heft 1, Sankt Augustin 1999.

Bundesministerium der Verteidigung, Führungsstab der Streitkräfte I 4 (Hrsg.): Im Einsatz. Umgang mit dem Einsatzstress, Heft 2, Sankt Augustin 1999.

Bundesministerium der Verteidigung, Führungsstab der Streitkräfte I 4

(Hrsg.): Nach dem Einsatz. Vorbereitung auf den Rückkehrstress, Heft 3, Sankt Augustin 1999.

Eine Auswahl an weiterer Literatur zum Thema „gelingende Partnerschaft":

Bodenmann, Guy: Beziehungskrisen erkennen, verstehen und bewältigen, Bern-Göttingen-Toronto-Seattle 2002.

Bodenmann, Guy: Kompetenzen für die Partnerschaft. Freiburger Stresspräventionstraining für Paare, Weinheim-München 2000.

Bodenmann, Guy: Stress und Partnerschaft. Gemeinsam den Alltag bewältigen, Bern-Göttingen-Toronto-Seattle ²2001.

Engl, Joachim / Thurmaier, Franz: Wie redest du mit mir? Fehler und Möglichkeiten in der Paarkommunikation, Freiburg i. Br. 1992.

Fromm, Erich: Die Kunst des Liebens, Berlin ⁵¹1997.

Fröhlich, Susanne / Kleis, Constanze: F(r)ischhalteabkommen. Länger Freude am Mann, Frankfurt a. M. 2003.

Grün, Anselm / Robben, Ramona: Grenzen setzen – Grenzen achten. Damit Beziehungen gelingen – spirituelle Impulse, Freiburg i. Br. 2004.

Jellouschek, Hans: Wie Partnerschaft gelingt – Spielregeln der Liebe. Beziehungskrisen sind Entwicklungschancen. Freiburg i. Br. ¹³2004.

Jung, Mathias: Ich liebe dich. Nur nicht grad jetzt. Große Liebe, kleine Krisen. Freiburg i. Br. ²2003.

Kast, Verena: Lebenskrisen werden Lebenschancen. Wendepunkte des Lebens aktiv gestalten, Freiburg-Basel-Wien 2000.

Kast, Verena: Trauern. Phasen und Chancen des psychischen Prozesses, Stuttgart 1999.

Kühlmann, Thorsten M. (Hrsg.): Mitarbeiterentsendung ins Ausland: Auswahl, Vorbereitung, Betreuung und Wiedereingliederung, Göttingen 1995.

„Pakt mit der Sehnsucht": Focus 17/2003, 143.

Schmidbauer, Wolfgang: Die Angst vor der Nähe, Reinbek bei Hamburg ⁶1998.

Schneider, Norbert / Hartmann, Kerstin / Limmer, Ruth: Berufsmobilität und Lebensform – Sind berufliche Mobilitätserfordernisse in Zeiten der Globalisierung noch mit Familie vereinbar? Konzeption der Studie und ausgewählte Hauptergebnisse. (Projektbericht) 2001. Schriftenreihe des Bundesministeriums für Familie, Senioren, Frauen und Jugend, Bd. 208, Stuttgart 2001.

Schneider, Norbert / Limmer, Ruth / Ruckdeschel, Kerstin: Mobil, flexi-

bel, gebunden. Familie und Beruf in der mobilen Gesellschaft, Frankfurt a. M. 2002.
Schneider, Norbert / Rosenkranz, Doris / Limmer, Ruth: Nichtkonventionelle Lebensformen. Entstehung Entwicklung, Konsequenzen, Opladen 1998.
Stahl, Günter: Internationaler Einsatz von Führungskräften, München/Wien/Oldenbourg 1998.

Orientierung im Internet:

www.gelingende-fernbeziehung.de

Kontakt:

wendlp@web.de

Danken möchte ich von Herzen:

Prof. Dr. Eberhard Schockenhoff, Prof. Dr. Peter Boekholt, der Katholischen Militärseelsorge in Deutschland, stellvertretend Herrn Militärdekan Georg Kestel und Benedict Schmitz.

Herzlichen Dank für die Korrekturen:
Dr. Verena Wetzstein, Simone Kennerknecht und Nikola Jentzsch.

Ich widme dieses Buch meiner Familie und Tanja Rochelt – die mir zeigten, dass gelingende Beziehung keine Frage der Entfernung ist.

Peter Wendl

Peter Wendl

Gelingende Fern-Beziehung